从爱因斯坦谈相对论

刘枫　主编

黄河出版传媒集团
阳光出版社

图书在版编目（CIP）数据

从爱因斯坦谈相对论 / 刘枫主编 .-- 银川：阳光
出版社，2016.7（2022.05重印）
（站在巨人肩上）
ISBN 978-7-5525-2770-4

Ⅰ.①从… Ⅱ.①刘… Ⅲ.①爱因斯坦，A.（1879-
1955）- 生平事迹 - 青少年读物②相对论 - 青少年读
物 Ⅳ.① K837.126.11-49 ② O412.1-49

中国版本图书馆 CIP 数据核字 (2016) 第 178872 号

站在巨人肩上　从爱因斯坦谈相对论　　　　刘枫　主编

责任编辑　贾 莉
封面设计　瑞知堂文化
责任印制　岳建宁

黄河出版传媒集团
阳 光 出 版 社　出版发行

地　　址　宁夏银川市北京东路139号出版大厦（750001）
网　　址　http://www.ygchbs.com
网上书店　http://shop129132959.taobao.com
电子信箱　yangguangchubanshe@163.com
邮购电话　0951-5047283
经　　销　全国新华书店
印刷装订　天津兴湘印务有限公司
印刷委托书号　（宁）0020152

开　本　710 mm×1000 mm　1/16
印　张　8.5
字　数　136千字
版　次　2016年7月第1版
印　次　2022年5月第2次印刷
书　号　ISBN 978-7-5525-2770-4
定　价　35.80元

前　言

哲人培根说过："读史使人睿智。"是的，历史蕴含着经验与真知。

科学的发展是一个漫长的过程，一代又一代的科学家曾为之不懈努力，这里面不仅有着艰辛的探索、曲折的经历和动人的故事，还有成功与失败、欢乐与悲伤，甚至还饱含着血和泪。其中蕴含的人文精神，堪称人类科技文明发展过程中最宝贵的财富。

本系列丛书共30本，每本以学科发展状况为主脉，穿插为此学科发展做出重大贡献的一些杰出科学家的动人事迹，旨在从文化角度阐述科学，突出其中的科学内核和人文理念，提升读者的科学素养。

为了使本系列丛书有一定的收藏性和视觉效果，书中还汇集了大量的珍贵图片，使昔日世界的重要场景尽呈读者眼前，向广大读者敬献一套图文并茂的科普读本。

由于编者水平有限，加之时间仓促，疏误之处在所难免，敬请广大读者批评指正。

编者

目　录

爱因斯坦的自我介绍

名句箴言

在一个崇高的目的支持下，不停地工作，即使慢，也一定会获得成功。

——爱因斯坦

自我介绍

我是阿尔伯特·爱因斯坦，1879 年 3 月 14 日生于德国乌耳姆一个经营电器作坊的小业主家庭。一年后，由于父亲的生意经营原因，我们全家迁居慕尼黑。父亲和叔父在当地合办一个为电站和照明系统生产电机、弧光灯和电工仪表的电器工厂。在工程师和叔父等人的影响下，我较早地受到科学和哲学的启蒙教育。

儿童时的我很沉静，经常独自一人来消磨时间。虽然语言表达迟缓，口齿不太伶俐，也不善于阅读，但是，我对事物的原理却特别感兴趣，并经常提出各种各样别的小孩提不出的问题。

在我 5 岁的时候，父亲给我一个罗盘。我惊异地发现罗盘的指针总是指向北方，我非常好奇，于是问父亲和叔叔是什么原因使指针移动的。然而，他们关于磁性和引力的回答对孩子来说确实太难了，但是，我还是花了很多的时间来思考这一问题。

我不喜欢上学，因为当时的德国学校不准许学生提问题，因此我有一种在监狱中的感觉。后来我曾对雅各布叔叔说我很讨厌数学，尤其讨厌代数和几何。但是，雅各布叔叔给了我很生动的启发，这给我的功课带来了很大的变化。我完成了代数书上所有的习题。当其他的同学还在学习初等数学时，我已经学习高中生的微积分了。当时我的理想就是决定要当一名数学和物理教师。

1894 年，我的家迁到意大利米兰，对于我来说这是个很好的事情，因为我可以不再接受德国学校那军国式的教育了，我由衷地厌恶那令人窒息的环境，于是我自动放弃学籍和德国国籍，只身前往米兰。

1895 年我转学到瑞士阿劳市的州立中学；1896 年进苏

黎世联邦工业大学师范系学习物理学,并以优异的成绩毕业。但是,我却无法找到教师的工作,后来,我在瑞士政府的专利局里就职。专利局的工作很轻松,于是,我把好多时间用在了创立自己的学说上。其中有一些就是关于相对论的理论。

1905 年,我发表了一篇论文,虽然只有 35 页,但却是科学史上最重要的文献之一。这就是狭义相对论。狭义相对论是用来描述自然现象的一些基本理论,是关于时间、空间、质量、运动和引力的学说。

1909 年我离开专利局任苏黎世大学理论物理学副教授。

我 1911 年任布拉格德语大学理论物理学教授,1912 年任母校苏黎世联邦工业大学教授。1914 年,应 M. 普朗克和 W. 能斯脱的邀请,我回到德国任威廉皇帝物理研究所所长兼柏林大学教授,直到 1933 年。1920 年应 H. A. 洛伦兹和 P. 埃伦菲斯特的邀请,兼任荷兰莱顿大学特邀教授。回德国不到四个月,第一次世界大战爆发,我投入到公开的和地下的反战活动中。

在我发表了有关狭义相对论的论文 10 年后,我又发表了另外一篇论文——广义相对论,提出了有关引力、物质与能量之间关系的新论点。

我提出了物质可以转化为能量,并且还给出了能够衡量物质能量的表达式——$E=mc^2$。E 代表了物质的能量；m 代表了物质的质量；c 是光的速度。此表达式说明了极小的物质可以产生极大的能量，还解释为什么太阳可以数百万年地发光发热。这个公式还导致了原子能的发现。

我于 1921 年获得诺贝尔物理学奖，只不过我的获奖并不是由于相对论，而是因为我发现了光电效应定律。这一发现推动了现代电子学的发展，其中包括广播和电视。我成为名人后，却感到很寂寞，几乎没有亲密的朋友。我感到很奇怪，被这么多人知道，却又这么寂寞。我们在自然中看到的东西博大精深，可我们的理解仅其一二而已。

1933 年 1 月纳粹攫取德国政权后，我成为科学界首要的迫害对象，幸而当时我在美国讲学，未遭毒手。3 月我回欧洲后避居比利时，9 月 9 日发现有人准备行刺我后，星夜渡海到英国，10 月转到美国普林斯顿，任新建的高级研究院教授，直至 1945 年退休。1939 年我获悉铀核裂变及其链式反应的发现，在匈牙利物理学家 L. 西拉德推动下，上书罗斯福总统，建议研制原子弹，以防德国占先。1940 年我取得美国国籍。

第二次世界大战结束前夕，美国在日本两个城市上空投掷原子弹，我对此报以强烈不满。战后，为开展反对核战争的和平运动和反对美国国内法西斯活动，进行了不懈的斗争。

爱因斯坦出生在 19 世纪，成名于 20 世纪，爱因斯坦生活在一个科学技术迅猛发展的时代。与此同时，身为物理学先驱的他更为人类作出了自己的不朽贡献。他，是这个时代领跑者；他，更是跨世纪的时代先锋。

第二次世界大战前的初春的某一天，美国新泽西州的一条安静的街道上，一个 10 岁左右的小姑娘，正高高兴兴边走边玩。忽然她看见一个衣着奇特、模样可笑的人直接向她走来，他个子矮小，长着狮子一样的脑袋，白发蓬松，好像直立着似的。他的衣服尺码大了好几号，至少还可以装下一个他，风一吹，左右摆动。他哪儿都不看，显然是在沉思着什么，当他差点把这个小姑娘撞倒时，才看见她。他朝小姑娘报以歉意的表情并笑了笑，又继续走路。小姑娘发现这个人的鼻子很大，目光敏锐，她转过身久久地站在那儿，望着，心里想："这个人样子好奇怪呀！他是谁呢？"

晚上吃饭时，小姑娘迫不及待把她白天看见的那个模样奇特而又可笑的人讲给爸爸妈妈听。小姑娘是这样描述的："他看起来好像是个刚从神话故事里出来的爷爷。"这时,她的父亲放下手中的刀叉,看着她说:"我的宝贝,记住吧,你今天见到了世界上最伟大的一个人物,他就是大物理学家爱因斯坦。"这使小姑娘大为惊讶。是的,爱因斯坦的大名,在美国以至全世界几乎是家喻户晓。爱因斯坦是相对论的创立者,相对论不仅是一条物理学理论,引起了古老物理学的彻底革命,而且改变了人们认识客观世界的思想观念和思维方式,对开创物理学乃至整个自然科学的新纪元都产生了巨大影响。

1879 年 3 月 14 日,这位举世闻名的大物理学家,出生在德国南部乌尔姆城的一个犹太族家庭中。父亲开了一家小厂,经营电器修理和制造,母亲是个颇有造诣的钢琴家。孩童时期的爱因斯坦不但没有智力早熟的迹象,而且 3 岁时还不太会说话,被家人认定为低能儿。不过受母亲的影响,他对音乐的天赋却极高。6 岁时,他便会拉小提琴;12 岁时,他已成了一位很不错的小提琴手。虽然,他后来没有成为职业音乐家,但他那把心爱的小提琴却始终陪伴着他的一生,成为他生活和研究之余的最好的伙伴。

也许正是因为他语言发育的迟缓,养成了他细心观察、擅长思考的好习惯。他那被人认为"平庸、低能"的小脑袋,经常想着一些稀奇古怪的问题,几乎没有安宁的时候。

在他四五岁的时候的某一天,父亲拿了一个罗盘给他玩。小小的罗盘,没想到却深深地吸引了爱因斯坦。他爱不释手地摆弄起来,罗盘中间那根针轻轻地抖动着,涂着红色的一端指向北方。他小心翼翼地转动盘子,那根针却不听他的指挥,红色的那端仍然指向北方。

"真怪呀!"爱因斯坦眨巴着眼睛,自言自语地说,"这是怎么回事呢?为什么指针的红端总是指向北方呢?"

于是他翻来覆去地研究着罗盘,似乎想在指针周围找出神秘的东西,结果他一无所获,小小的罗盘唤起了这位未来的科学家的好奇心——一种探索事物原委的好奇心。正是这种神圣的好奇心,萌发出科学的幼苗,甚至在许多年以后,爱因斯坦仍然在津津有味地回忆着小时候把玩罗盘时那颗兴奋好奇的心。

随着年龄的增大及视野的开阔,能使他好奇的东西也越来越多。12岁的时候,爱因斯坦得到了一本几何学教科书。他怀着兴奋的心情把它翻开,一口气就读完了整本书。他惊叹几何定理的明确、严整和精密,从此便深深地迷恋上了几何学,无论走到哪里,总是书不离身,有一些定理，他反复的琢磨思索，并尝试着不照书上的例子来加以证明。如果说儿时那只罗盘使他对自然和自然的规律性感到惊奇，那么几何，已使他对人的思维及人的思维有能力了解自然感到无比惊奇，并决心去体验探索其中奥妙的乐趣。

在学校的课堂上，那些死记硬背的功课，全都引不起他的兴趣，他总是去沉思那些稀奇古怪的问题。每当老师就课堂上刚讲过的问题提问他时，他总是面红耳赤，支支吾吾的，引得同学们一阵哄堂大笑。学校里的老师说他"生性孤僻、反应迟纯"。有一次他的父亲问学校的训导主任。

"我的儿子将来可以做什么呢？"

"你的儿子将来一事无成，他做什么都是一样的。"这位主任不假思索地回答道。

后来，这位主任找到了爱因斯坦。

"我想请您离开我们的学校。"主任说。

"为什么，可我没有任何过错啊。"爱因斯坦反驳道。

"是的，您没有过错，但只要您呆在教室里，就足以破坏对老师的尊敬，影响其他同学。"

"好吧。"

就这样，爱因斯坦成了科学史上最不可能的中途退学的学生。

那位训导主任恐怕做梦也没有想到，这位被他断定一事无成而又被迫退学的学生会成为 20 世纪最伟大的物理学家。

20 世纪的第一年，爱因斯坦在苏黎世的联邦工业大学毕业了。他通过在校期间的刻苦自学，已经打下了从事理论物理研究的坚实基础。可是，对于他来讲，残酷的现实却是毕业，因为毕业就意味着失业。明哲保身的教授们把他当作异端、叛逆者，不肯留他做助教。为了生活他艰苦地奔波着，代课、当家教……贫困只能把人饿死，不能把人吓退，他没有放下深深爱着的物理学。

1902 年 6 月在好友格罗斯曼的帮助下，他终于得到了伯尔尼专利局的正式任命。对于爱因斯坦来讲，有了固定职业，不仅不必再为生活操心，在工作之余，还可以专心致志地研究他心爱的物理学，他就非常的满足了。

伯尔尼专利局四楼八十六号狭长的办公室里。一位年轻人坐在桌前，一行行数字，一个个公式，他眼疾手快的往一张小纸片上写着，不一会儿，一张张纸片就变成了厚厚一沓，可一听到走廊里有脚步声，他就赶紧把纸片放在抽屉里面，装出若无其事的样子，他就是年轻的爱因斯坦。原来，爱因斯坦工作十分认真，加上他敏锐的判断力,一天的工作,他往往不到半天就完成了。这时,他就拿出小纸片来,做自己的物理学研究。可是局里有规定,上班时间不能做私事,他只好"偷偷"地来做了。从1902至1909年在瑞士伯尔尼专利局工作的7年里,可以说是爱因斯坦一生中最幸福最难忘的岁月。虽然他这时穷得连一只表也没有,但他却感到生活充满了乐趣。

每天下班回到自己住的顶楼里,他常常是一手抱着孩子,一手做着计算。孩子的啼哭声和他自己哄孩子的声音,常常奇妙地混合在一起。

夜深了,大地沉寂在一片黑暗之中,只有爱因斯坦房间里的灯还在亮着。此时,他的大脑中正在涌现一个个假设,他的手在飞快地写着,用那一个个的数字和符号勾勒着一个新的未知世界。

还是在他16岁那年,爱因斯坦就对"以太"问题产生了浓厚的兴趣,他曾写过一篇《关于磁场中的以太的研究现状》的论文,邮给了在比利时的舅父。这个源于希腊文,即空气的上层之意的名词,是亚里士多德设想的与构成地球万物的水、土、火、气四元素不同的构成神灵世界的一种轻元素。由于它的神秘色彩,几千年过去谁也没有想到证实它的存在,更没有人想起去用它阐述什么问题。到 19 世纪末期，牛顿发现万有引力以后，复活了亚里士多德关于"以太"的设想，说"以太"是宇宙真空中引力的传播介质，从此"以太"被引入物理学，又被说成是"光波"和"电磁波"的传播媒介。"以太"究竟是什么？它是存在还是不存在？神奇的"以太"困扰着 19 世纪天才的物理学家们，1877 年，迈克尔逊—莫雷实验否定了"以太"的存在，却没有真正解开"以太"之谜。

转瞬之间 10 年已过去了。对爱因斯坦来说，即使失业的时候，他也没有放弃过对"以太"问题的思考，而今他思考得更多更深。多少次，他似乎已经看到道路上的障碍，只要转个弯，就看到了成功的希望，这希望就像黑夜中的一道流星，转瞬即逝。又有多少次，他已步入那神奇殿堂的大门口，他仿佛已经找到了开启大门的钥匙。可是经过一个不眠之夜，第二天，他又苦恼地告诉妻子，他的钥匙打不开那神圣的殿堂。他思索着，思索着……

这天，他兴奋异常，他坚信，他找到了成功的钥匙，终于能解开这个"以太"之谜了。当人们都已沉入甜蜜的梦乡的时候，爱因斯坦却一丝睡意也没有，他伏案疾书，直到霞光映进了昏暗的房间，他才站起身来。啊，新的一天来到了，整整五个星期他都是这样度过的，艰辛的探索,他终于踏进了"以太"之谜这个神秘的殿堂。《论动体的电动力学》的论文完成了,狭义相对论产生了。就是这篇论文把以前大家都认为是真理的牛顿力学完全推翻了,他对人们仅仅在思索着的东西完成了认识上的飞跃。他研究了光在"以太"中的传播问题,大胆地否定了"以太"的存在。他说:"光速是有限的,不管光源怎样运动,它发出的光在真空中的速度总是不变的。"在这个前提下,爱因斯坦还否定了牛顿的"绝对时间""绝对空间"和"绝对运动"概念。认为时间的同时性都是相对于某一参照系来说的,所以是相对的;而运动又是与时间紧密相连的,所以运动也都是相对的,孤立地看地球,它的运动是不存在的。否定之后,爱因斯坦提出了崭新的时空和运动概念,并经过复杂的数学推导和运算,最终得出了一系列重要的狭义相对论结论。当时的著名物理学家普朗克称赞说:"爱因斯坦这篇论文发表之后,将会发生这样的战斗,只有为哥白尼的世界观进行过的战斗才能和它相比……"一个年仅26岁的年轻人竟将支配世界科学200年之久的牛顿物理学殿堂破坏了,整个世界为之惊叹!

在伯尔尼专利局工作的7年中,除了狭义相对论外,他还创造了证实原子存在、发展"量子假说"的理论,因此荣获苏黎世大学哲学博士学位、伯尔尼大学理论物理学教授,1909 年他离开了专利局,被聘为苏黎世大学物理学教授,成为举世公认的第一流科学家。

荣誉、鲜花和地位并没有使爱因斯坦就此停步,反而促使他更加倍地投入到新的科学领域之中。可是由于这么多年没有规律的工作和生活,不分昼夜地紧张思考及探索,希望和绝望,激动和狂喜,给他身心上带来了巨大的影响。1915 年,肝炎和胃病终于将他的身体搞垮了,短短两个月,体重下降了十几公斤。爱因斯坦以为自己患了癌症,更加争分夺秒地忘我的工作。

一天,爱因斯坦穿着拖鞋,面颊上没有一点血色地走下楼来,对妻子说:"我要在自己的书房里呆上一段日子,千万不要打扰我。"于是,他的妻子每天除送饭外,从不敢上楼打扰他。每天只有在傍晚的时候,爱因斯坦才下楼出去散一会儿步,或一言不发地拉一会儿小提琴,然后又回到楼上继续工作。看着他日渐消瘦的身体,妻子又疼又气,多次劝他休息,但都无济于事。

两个星期之后的一天清晨,爱因斯坦脸色苍白、一副疲惫不堪的样子从书房里走了出来。他兴奋的告诉妻子:"我终于研究出来了。"一沓厚厚稿纸摊在了桌子上,于是广义相对论就这样诞生了。1916 年在《物理学年鉴》上，他发表了《广义相对论的基础》。

广义相对论是一种没有引力的新引力理论，是适用于所有参照系的物理定律。它以人们认为理所当然的等效原理为突破口，把引力看作是空间的一个属性，而不是物体间的作用力。经过他反反复复的数学计算，得出了广义相对论的结论，由于等效原理的作用，时空变成了弯曲的，光线在弯曲的时空中也变成了弯曲的，引力是不存在的，地球围绕太阳转动，是因为太阳的巨大质量使其周围的时空发生了弯曲，在弯曲的时空中只有曲线，所以地球只能围绕太阳作曲线转动。

爱因斯坦为了验证这一理论，推断说引力差会使光线偏折，一束正好掠过太阳表面的光线，将会偏离直线路径 1.75 弧秒。

1919 年 5 月，英国两位天体物理学家率领两个天文考察队，在日全食时分别在巴西和西非摄影，证明了这一推断。广义相对论又给爱因斯坦带来了更大的荣誉，1921 年他被选为英国皇家学会会员，同年又因 1905 年发现的光电效应定律而荣获科学界的最高奖赏——诺贝尔物理学奖。

作为现代最著名的科学家之一，他不仅在物理学的广大领域作出了无与伦比的贡献，而且他还是科学史上罕见的政治家和思想家,杰出的和平主义战士。

第一次世界大战爆发后的 1914 年 10 月,德国的民族主义者煽动出笼了 93 位德国科学家的宣言,极力为德国军国主义涂脂抹粉。爱因斯坦与 93 人宣言分庭抗礼,起草了反战声明《告人民书》。1914 年 11 月,他积极参加了反战知识分子在柏林组成的新祖国联盟。1917 年俄国社会主义革命的胜利,爱因斯坦表示了由衷的喜悦。1923 年,他参加了新俄国朋友会。他的一系列和平主义举动,惹怒了德国纳粹政府。

1920 年,爱因斯坦开始遭到纳粹政府的追杀。他们取消了爱因斯坦的荣誉公民权,没收爱因斯坦的房屋和财产,甚至有人传说纳粹要谋杀他,爱因斯坦痛心疾首的写信给他的朋友说:"我担心仇恨和暴力,会蔓延到全世界。"

1933 年,爱因斯坦受德国纳粹迫害而不得不迁居美国。为了追求自由、平等以及理想的研究环境,爱因斯坦接受了美国普林斯顿高等研究所的邀请,带着妻子和女儿前往美国的新泽西州,从事科学研究。1940 年 10 月 1 日,他加入了美国国籍。直到他去世的前几天,他还在修改关于统一场论的著作,点完了最后一个句号。

1955 年 4 月 18 日,爱因斯坦逝世于普林斯顿,他崇尚和平，为科学鞠躬尽瘁的一生，赢得了全世界科学界的一致好评，被誉为"现代物理学之父""20世纪的牛顿"。著名物理学家朗之万曾评价说："在我们这一代物理学家中，爱因斯坦的地位将在最前列。他现在是并且将来也是人类宇宙中有卓越光辉的一颗巨星。很难说，他究竟是同牛顿一样伟大，还是比牛顿更伟大；不过，可以肯定地说，他的伟大是可以同牛顿相比拟的。照我的见解，他也许比牛顿更伟大，因为他对于科学的贡献更深入到人类思想基本概念的结构中。"

正像历史学家认为17世纪下半叶是牛顿的时代那样，人们常把20世纪的上半叶看成是爱因斯坦的时代。因为他的相对论开创了物理学的新世纪，几乎整个20世纪物理学的创造历程，都有他的巨手在指引着前进的方向。

人们常说，爱因斯坦是天才。他当然是不折不扣的天才。

"天才是百分之九十九的汗水加上百分之一的灵感。"爱因斯坦所以取得这么大的成就，主要是因为他无限勤奋，是因为他审时度势，不倦探索，敢于创新。

爱因斯坦不但勤奋努力，他还是一位不受传统观念束缚、敢于冲破禁区、创立新说的伟大科学家。他敢于并且善于破除迷信，解放思想，探索真理。

当然，这首先是时代的要求。爱因斯坦生活的时代，特别是在他科学思想最活跃、贡献最多的 20 世纪初，是科学思想新旧交替的时代。就在绝大多数人向经典物理学顶礼膜拜的时刻，一连串"挑战"却接踵而来。在平静而晴朗的物理学太空中挂着两朵乌云：一朵和黑体辐射实验有关，另一朵和以太漂流实验有关。另外，放射性和电子的发现，也有力地撞击着经典物理学的大厦。爱因斯坦正是在这样的特殊时代背景下涌现出来的巨匠。

爱因斯坦还在少年时代，就把自己想象成一个追赶光线的人，关于光线的想法引出了狭义相对论。他又设想：假如一架升降机坠入深谷，里面的乘客会有什么感觉？这个想法引出了广义相对论。科学理论的发展，不是拆了旧房盖新房这样简单。它像登山一样艰难。创立一个新理论就像登上一座高峰。视野扩大了，原来隐蔽着的东西呈现出来了。原有的理论仍然历历在目，只是显得渺小了，成了广阔视野中的一小部分。他在登上狭义相对论和广义相对论的高峰以后，没有满足，没有歇息。他环顾四周上下，看到大自然无比壮丽的景色，拍拍身上的尘土，又准备攀登新的高峰——统一场论。

这是相对论的第三阶段。他希望把引力场和电磁场统一起来，而且希望这统一的场能够解释量子力学所不能解释的问题。

爱因斯坦最反对这样的科学家——他们"拿起一块木板，寻找最薄的部位，在容易钻孔的地方，钻上许许多多孔"。他把自己的"钻头"对准统一场论上最厚最坚硬的地方，希望把电磁力和引力统一起来，给物质结构一种完整的解释。他也知道统一场论不会在自己手里完成。可是他认为，"在科学上，每一条道路都应该走一走。发现一条走不通的道路，就是对于科学的一大贡献。科学史只写某人某人取得成功，在成功者之前探索道路，发现'此路不通'的失败者统统不写，这是很不公平的。那种证明'此路不通'的吃力不讨好的工作，就让我来做吧。"他给比利时王太后伊丽莎白的信里是这样写的："留给我的事情是：毫不悯惜自己，研究困难的科学问题。那个工作迷人的魔力，将持续到我停止呼吸。"

爱因斯坦是这样写，也是这样做的。他在神圣的好奇心的驱使下，又勇敢地深入探索宇宙。他探索了几十年，直到最后一息。他在生命弥留之夜，在医院的病榻旁还放着一沓统一场论的未完成稿，准备翌晨醒来再继续演算。爱因斯坦对统一场论的探索，正是他一生追求真理的那种毫不气馁的热情和顽强性格的真实写照。

生活就是追求真理。正像德国剧作家莱辛说的："对真理的追求比对真理的占有更显可贵。"爱因斯坦在勤奋的工作中，在追求真理的探索中度过了整整一生。他有限的生命已经结束，但是，人们在心里建起了纪念他的殿堂。

科学巨匠——爱因斯坦

名句箴言

人只有献身于社会，才能找出那短暂而有风险的生命的意义。

—— 爱因斯坦

初露锋芒

1900 年，爱因斯坦从苏黎世工业大学毕业。由于他对某些功课不热心，以及对老师态度冷漠，所以被拒绝留校。他一时找不到工作，仅靠做家庭教师和代课教师生活。在失业长达一年半以后，关心并了解他才能的同学马塞尔·格罗斯曼向他伸出了援助之手。格罗斯曼想方设法说服自己的父亲把爱因斯坦介绍到瑞士专利局去作一个技术员。

爱因斯坦一辈子都感谢格罗斯曼对他的帮助。在悼念格罗斯曼的信中，他回忆这件事时说，当他大学毕业时，"突然被一切人抛弃，一筹莫展地面对人生。他帮助了我，通过他和他的父亲，我后来才到了哈勒（时任瑞士专利局局长）那里，进了专利局。这有点像救命之恩，没有他我虽然不至于饿死，但精神却会萎靡颓唐起来。"

1902 年 2 月 21 日，爱因斯坦取得了瑞士国籍，并迁居伯尔尼，等待专利局的招聘。1902 年 6 月 23 日，爱因斯坦正式受聘于专利局，任三级技术员，工作职责是审核申请专利权的各种技术发明创造。1903 年，他与大学同学米列娃·玛丽克结婚。

爱因斯坦及夫人米列娃·玛丽克

1900～1904 年,爱因斯坦每年都要写出一篇论文,发表于德国《物理学杂志》。头两篇是关于液体表面和电解的热力学,企图给化学以力学的基础,因为发现此路不通,转而研究热力学的力学基础。1901 年提出统计力学的一些基本理论,1902～1904 年间的三篇论文都属于这一领域。

1904 年的论文认真探讨了统计力学所预测的涨落现象,发现能量涨落取决于玻尔兹曼常数。它不仅把这一结果用于力学体系和热现象,而且大胆地用于辐射现象,得出辐射能涨落的公式,从而导出维恩位移定律。涨落现象的研究,使他于 1905 年在辐射理论和分子运动论两方面同时做出重大突破。

天才是各个时代都有的，可是，除非待有非常的事变发生，激动群众，使有天才的人出现，否则赋有天才的人会僵化。

——狄德罗

名句箴言

奇迹诞生

1905 年，爱因斯坦在人类科学史上创造了一个史无前例的奇迹。这一年他写了 6 篇论文，在 3 月到 9 月这半年中，利用在专利局每天 8 小时工作以外的业余时间，在三个领域做出了四个有划时代意义的贡献，他发表了关于光量子说、分子大小测定法、布朗运动理论和狭义相对论这四篇优秀论文。

1905 年 3 月，爱因斯坦将自己认为准确无误的论文送给了德国《物理年报》编辑部。他腼腆的对编辑说："如果您能在你们的年报中找到篇幅为我刊出这篇论文，我将感到很愉快。"这篇"被不好意思"送出的论文名叫《关于光的产生和转化的一个推测性观点》。

这篇论文把 1900 年普朗克提出的量子概念推广到光在空间中的传播情况，提出光量子假说。它认为：对于时间平均值，光表现为波动；而对于瞬时值，光则表现为粒子性。这是历史上首次揭示了微观客体的波动性和粒子性的统一，即波粒二象性。

在这文章的结尾，他用光量子概念轻而易举

普朗克

地解释了经典物理学无法解释的光电效应，推论出光电子的最大能量同入射光的频率之间的密切关系。这一关系 10 年后才由密立根给予实验证实。1921 年，爱因斯坦因为"光电效应定律的发现"这一成就而获得了诺贝尔物理学奖。

这才仅仅是开端,阿尔伯特·爱因斯坦在光、热、电物理学的三个领域中并驾齐驱,一发不可收拾。1905年4月,爱因斯坦完成了《分子大小的新测定法》,5月完成了《热的分子运动论所要求的静液体中悬浮粒子的运动》。这是两篇关于布朗运动的研究的论文。爱因斯坦当时的目的是要通过观测由分子运动的涨落现象所产生的悬浮粒子的无规则运动,来测定分子的实际大小,以解决半个多世纪来科学界和哲学界争论不休的原子是否存在的问题。

3年后,法国物理学家佩兰以精密的实验证实了爱因斯坦的理论预测。从而无可厚非的证明了原子和分子的客观存在,这使最坚决反对原子论的德国化学家、唯能论的创始人奥斯特瓦尔德于1908年主动宣布:"原子假说已经成为一种基础巩固的科学理论。"

1905年6月,爱因斯坦完成了开创物理学新纪元的长论文《论运体的电动力学》,完整的提出了狭义相对论。这是爱因斯坦10年酝酿和探索的结果,它在很大程度上解决了19世纪末出现的古典物理学的危机,改变了牛顿力学的时空观念,揭露了物质和能量的相当性,创立了一个全新的物理学世界,是近代物理学领域最伟大的发现。

狭义相对论不但可以解释经典物理学所能解释的全部现象,还可以解释一些经典物理学所不能解释的物理现象,并且预言了不少新的效应。狭义相对论最重要的结论是质量守恒原理失去了唯一性,它和能量守恒定律融合在一起,质量和能量是可以相互转化的。其他还有比较常讲到的钟慢尺缩、光速不变、光子的静止质量是零等等。而古典力学就成为了相对论力学在低速运动时的一种极限情况。这样,力学和电磁学也就在运动学的基础上统一起来。

1905 年 9 月,爱因斯坦写了一篇短文《物体的惯性同它所含的能量有关吗》,作为相对论的一个推论。质能相当性是原子核物理学和粒子物理学的理论基础,也为 20 世纪 40 年代实现的核能的释放和利用开辟了道路。

在这短短的半年时间,爱因斯坦在科学上的重大成就,可以说是"石破天惊,前无古人"。即使他就此放弃物理学研究,即使他只完成了上述三方面成就的任何一方面,爱因斯坦都会在物理学发展史上留下极其重要的一笔。爱因斯坦拨散了笼罩在"物理学晴空上的乌云",迎来了物理学更加光辉灿烂的新纪元。

爱因斯坦能有这样的成就,最重要的原因是他不迷信权威,不盲从旧传统,敢于创新。他的 9 岁儿子曾问他:"爸爸!什么东西使你这样出名呢?"爱因斯坦对这小孩用很浅显的话解释:"我看到一只盲目的虫趴在足球面上,它不知道它所爬的路线是有弯的,而我却幸运的看到这一点。"

人才进行工作，而天才进行创造。

——《舒曼论音乐与音乐家》

名句箴言

科学成就的第二个高峰

爱因斯坦科学成就的第二个高峰是在 1915 年到 1917 年的这 3 年中，类似于 1905 年，他也在三个不同领域中分别取得了历史性的成就。除了 1915 年最后建成了被公认为人类思想史中最伟大的成就之一的广义相对论以外，1916 年在辐射量子方面提出引力波理论，1917 年又开创了现代宇宙学。

科学巨匠 —— 爱因斯坦

　　爱因斯坦在走了两年多弯路后,于 1915 年 7 月以后,又回到普遍协变的要求。1915 年 10 月到 11 月,他集中精力探索新的引力场方程,于 11 月 4 日、11 日、18 日和 25 日分别向普鲁士科学院提交了四篇论文。

　　在第一篇论文中他得到了满足守恒定律的普遍协变的引力场方程,但加了一个不必要的限制。第三篇论文中,根据新的引力场方程,推算出光线经过太阳表面所发生的偏转是 1.7 弧秒,同时还推算出水星近日点每 100 年的进动是 43 秒,完满解决了 60 多年来天文学的一大难题。

　　1915 年 11 月 25 日的论文《引力的场方程》中,他放弃了对变换群的不必要限制,建立了真正普遍协变的引力场方程,宣告广义相对论作为一种逻辑结构终于完成了。1916 春天,爱因斯坦写了一篇总结性的论文《广义相对论的基础》;同年底,又写了一本普及性的小册子《狭义与广义相对论浅说》。

　　1916 年 6 月,爱因斯坦在研究引力场方程的近似积分时,发现一个力学体系变化时必然发射出以光速传播的引力波,从而提出引力波理论。1979 年,在爱因斯坦逝世 24 年后,间接证明了引力波存在。

　　1917 年,爱因斯坦用广义相对论的结果来研究宇宙的时空结构,发表了开创性的论文《根据广义相对论对宇宙所做的考察》。论文分析了"宇宙在空间上是无限的"这一传统观念,指出它同引力理论和广义相对论都是不协调的。他认为,可能的出路是把宇宙看作是一个具有有限空间体积的自身闭合的连续区,以科学论据推论宇宙在空间上是有限无边的,这在人类历史上是一个大胆的创举,使宇宙学摆脱了纯粹猜想的思辨,进入现代科学领域。

狭义与广义相对论浅说

名句箴言

要使山谷肥沃，就得时常栽树。我们应该注意培养人才。

——约里奥·居里

巨星风采

爱因斯坦的一个助手，即曾在加拿大多伦多大学执教的著名物理学家英费尔德曾经这样说："要与名声相抵抗，是一件很困难的事情。也许名声这个东西，对于当事人不产生影响的例子，可以说几乎没有吧。唯独爱因斯坦，名声对他来说一点也发生不了作用。因为爱因斯坦能够把自己与周围的世界完全隔离开来,孤立起来,生活在只有自己的孤独世界里。"

爱因斯坦因为在科学上的成就,获得了许多奖状以及名誉博士的授予证书。也许一般人就会把这些东西高高挂起,可是爱因斯坦却把这些东西,包括诺贝尔奖奖状一起乱七八糟地放在一个箱子里,看也不看一眼。

爱因斯坦

英费尔德说他有时觉得爱因斯坦可能连诺贝尔奖是什么意义都不知道。据说在爱因斯坦得奖的那一天,脸上和平日一样平静,没有显出特别高兴或兴奋。我倒是注意到他在写自己的科学工作文章时,从来没有提到过他拿到什么奖,像他这样的情形在科学界里是不多见的。

少年时代的爱因斯坦在瑞士过的是穷学生的生活,他对物质生活没有过多要求,有一碟意大利面条再加上一点酱他就感到心满意足了。成为教授以及后来为了躲避纳粹的迫害移民美国,他是有条件过很好的物质生活的,但是他仍保留像穷学生那样简朴无华的生活。

当爱因斯坦来到普林斯顿的高等科学研究所工作时,

当局给了他每年 16000 美元的高薪,可他却说:"这么多钱,是否可以少给我一点?给我 3000 美元就够了。"

附近的普林斯顿大学的学生编了这样的歌来唱:"聪明的学生,他们全学数学,阿尔比·爱因斯坦指出了方向。虽然他很少散步呼吸大自然的空气,我们希望上帝能使他剪掉头发。"(The bright boys, the all study maths。And Albie Einstein points the paths。Although he seldom takes the air, We wish to God he'd cut his hair。)

爱因斯坦对自己的衣着也是丝毫不讲究的,长年累月披着一件黑色皮上衣,不穿袜子,不结领带,裤子有时既没有系皮带也没有吊带,他和人在黑板前讨论问题时,一面在黑板写字,一面要把那像要滑下的裤子用手拉住,这种情形是有些滑稽,而他的头发却留得长长的,不加修饰。这对当年"贵族学府"普林斯顿大学的学生来说是惊异的事,难怪他们希望上帝叫他把头发剪掉。

相当了解他的英费尔德教授说:"爱因斯坦把自己的物质需求压缩到最小的限度,正因为如此他才能拥有自己那自由自在与无拘无束的状态。我们一般人每天被几百万个微不足道的小事物所奴役,甚至这种情况一天比一天严重。我们成为浴室、电冰箱、汽车、收音机几百万种东西的奴隶。爱因斯坦把这些影响因素减到最小。留长头发减少去理发厅的需要。一件皮上衣解决了几年的外套。吊带、晚礼服和睡衣都不是绝对需要的东西。这就是爱因斯坦所解决的最小问题,鞋子、长裤、衬衫,皮上衣都是必需品,它们不能再减少了。"

爱因斯坦是很勤俭节约的人,他在计算的纸上是两面都写,而且他把许多寄给他的信的信封裁开,当作计算的草稿纸,不让它们在进了纸篓之前失掉可以再利用的价值。爱因斯坦在外出时经常坐二三等车,平时只吃一些简单的食物。1909 年 7 月,爱因斯坦应邀到日内瓦,参加隆重的日内瓦大学三百五十周年校庆和纪念建校人加尔文的庆祝活动,并接受日内瓦大学颁发给他的荣誉博士学位。在庆祝活动的游行中,学校里的显要人物和政府中的大人物,都身穿燕尾服、头戴高礼帽,或者身穿中世纪式的锈金长袍,头戴平顶丝帽,而爱因斯坦却穿着一套平时上街穿的衣服,戴着一顶草帽。对这次庆祝活动所举办的盛大宴会,爱因斯坦很不以为然,他对坐在旁边的人说,"如果加尔文还活着,他会堆起一大堆柴火,因为搞这样的铺张浪费的盛宴而把我们全都烧死。"

爱因斯坦自己曾说过:"安逸和幸福,对我来说从来不是目的。我称这些伦理基础为猪倌的理想。"他甚至拒绝自己被安排在上流社会中而居于与众不同的地位,对社会上对他的特殊照顾感到愤怒。在 20 世纪 20 年代由欧洲赴美国的途中,人们为他准备了一套有舒适和方便的设备的房间,原以为爱因斯坦会感到满意,但他却当即强烈抗议这种特权,说他宁愿坐统舱,也不呆在这豪华的房间里。

爱因斯坦是很珍惜时间的人,他不喜欢参加社交活动与宴会,他曾讽刺地说:"这是把时间喂给动物园。"他集中精神专心的钻研,他不希望宝贵的时间消耗在无意义的社交谈话上。他也不想听那些奉承和赞扬的话。他认为:"一个以伟大的创造性观念造福于全世界的人,不需要后人来赞扬。他的成就本身就已经给了他一个更高的报答。"1929年3月,为了逃避五十寿辰的庆祝活动,他在生日前几天,就秘密跑到柏林近郊的一个花匠的农舍里隐居起来。

作为物理学革命中的伟大科学巨匠,爱因斯坦从来没有自认为是一个与众不同超人。他深刻认识到,自己所走的道路是前人走过的道路的延续,新时代的科学是在前人工作基础上的合理自然发展,因此他总是抱着感激和敬仰的心情赞赏前人的贡献。当谈到相对论的创立时,他说:"相对论实在可以说是对麦克思韦和洛伦兹的伟大构思画了最后完满的一笔,因为它力图把场物理学扩充到包括引力在内的一切现象。"爱因斯坦曾几次在信中对赞扬他成就的朋友说道:"我完全知道我没有什么特殊的才能,兴趣、专一、顽强工作以及自我批评使我达到我想要达到的理想境界。"

莫愁前路无知己，天下谁人不识君。

——高适：《别董大》

名句箴言

和平使者

爱因斯坦不仅热爱科学，同时也热爱人类。他没有因为埋头于科学研究而把自己置身于社会之外，一直关心着人类的文明建设和进步，并为之顽强、勇敢地战斗。他说过："人只有献身于社会，才能找出那实际上是短暂而又有风险的生命的意义。"他自己正是这样去做的。

科学巨匠 —— 爱因斯坦

1914 年 4 月,爱因斯坦接受德国科学界的盛情邀请,迁居到首都柏林,8 月即爆发了第一次世界大战。爱因斯坦虽然身居战争的发源地,生活在战争鼓吹者的包围之中,却毅然地表明了自己的反战态度。9 月,爱因斯坦参与并发起反战团体"新祖国同盟",在这个组织被宣布为非法、成员大批遭受逮捕和迫害而不得不转入地下的情况下,爱因斯坦仍坚决参加这个组织的秘密活动。10 月,德国的科学界、艺术界和文化界在军国主义分子的操纵和煽动下,发表了所谓"文明世界的宣言",为德国发动的侵略战争大肆辩护,鼓吹德国高于一切,全世界乃至全人类都应该接受"真正德国精神"。在"宣言"上签名的有 93 人,都是当时德国有声望的科学家、艺术家和牧师等。就连能斯脱、伦琴、奥斯特瓦尔德、普朗克等都在上面签了字。当征求爱因斯坦签名时,他断然拒绝了,而同时他却毅然在反战的《告欧洲人书》上签上自己的名字。这一举动震惊了全世界。

1917 年,马克思列宁领导的苏联社会主义革命胜利后,爱因斯坦给予这次伟大的革命以高度的赞扬,赞扬这是一次对全世界有决定性意义的、伟大的社会实验,表示:"我尊敬列宁,因为他是一位有完全自我牺牲精神、全心全意为实现社会正义而献身的人。我并不认为他的方法是切合实际的,但有一点可以肯定:像他这种类型的人,是人类良心的维护者和再造者。"1918 年 11 月,德国工人和士兵在俄国十月革命胜利的影响和鼓舞下，发动起义，推翻了德皇威廉二世下台第三天，爱因斯坦即给他的母亲连续写了两张明信片，欢呼"伟大的事变发生了……亲身经历了这个事变是多么荣幸！"

爱因斯坦在 20 世纪 20 年代到 30 年代初期，基本上是一个绝对的和平主义者。但是，侵略和掠夺战争不断发生的现实，打破了他那美好的梦想。特别是 1933 年希特勒上台后，德国日益法西斯化，使爱因斯坦意识到新的野蛮战争不可避免，促使他改变了自己的观点。他明确表示："当法律和人类尊严必需保卫时，我们一定要战斗。自从法西斯的危险到来后，现在我不再相信绝对的被动的和平主义是有效的了。只要法西斯主义统治欧洲，那就不会有和平。"

由于爱因斯坦极力反对德国纳粹分子的罪恶行为，又因为他是犹太人，因而被德国纳粹分子列为重要的迫害对象，幸好他 1932 年底被邀请到美国讲学，才免遭毒手。纳粹分子查抄和捣毁了爱因斯坦在柏林的住屋，没收了他的财产，焚毁他的著作，还悬赏 2 万马克要杀害他。面对纳粹分子暗杀的危险，爱因斯坦没有丝毫的畏惧，而是更坚定地战斗。当他的挚友劳厄写信劝他对政治问题采取明哲保身的态度时，他当即回信表示："我不同意您的观点，说科学家对政治问题——在较广泛的意义上来说就是人类事务——应当默不作声。德国的情况表明，这种克制会导致不作任何抵抗就把领导权拱手让给那些盲目的和不负责任的人。这种克制岂不是缺乏责任心的表现吗？试问，要是乔尔丹诺·布鲁诺、斯宾诺莎、伏尔泰和洪堡德也都是这样想，这样行事，那么我们会在哪里呢？我对我所说过的话，没有一个字感到后悔，而且相信我的行动是在为人类服务。"他不顾个人安危，大声疾呼，指出法西斯就意味着战争，和平必须用武装来保卫，呼吁美国人民起来同法西斯作斗争。

爱因斯坦一直非常关心被压迫、被奴役的国家和民族，他一生都在为人类的进步事业而英勇战斗着。他反对法西斯灭绝犹太人的暴行，为争取犹太人的生存权利而大声疾呼。但他也反对狭隘的犹太民族主义，希望看到犹太人"同阿拉伯人在和平共处的基础上达成公平合理的协议，而不希望创立一个犹太国"。他反对美国的种族歧视政策，支持黑人的解放运动，并呼吁"美国黑人在这个方向上所作的坚定的努力，应当得到大家的赞扬和支援"。

爱因斯坦早期就非常关心社会主义的进步思想。在美国生活，他有机会体会这个资本主义制度的社会。他认为资本主义是罪恶的温床，一切关于道德意识的丑恶现象，都是由资本主义所导致的。

在德国当教授，有机会被邀请在外国讲演，他往往把得的报酬全都捐助给柏林的穷人。20世纪50年代是美国麦卡锡分子兴风作浪的时期，麦卡锡参议员说爱因斯坦是"美国的第一敌人"，而一些狂热人士还造谣说他是共产分子，并且说他的前助手英费尔德从他那里知道原子弹的材料，准备供给苏联提供这些情报。事实上他除了为担心纳粹人制造新式武器，在1939年8月2日向罗斯福总统建议这方面该进行研究写的那封信外，他以后完全不知道美国政府秘密从事原子弹的制造，一些从事这项工作的爱因斯坦的朋友也对他保密不让他知道有这回事。但当他知道德国没有制成原子弹，而美国已造出原子弹后，他的心情感到沉重和不安。他说，如果他知道德国不会制造原子弹，他就不会为"打开这个潘多拉魔匣做任何事情。"

当爱因斯坦后来从无线电广播知道美国对广岛、长崎投下原子弹，杀伤许多平民时他感到非常痛心。他后来写了一封告美国公民书，说："我们将此种巨大力量解放的科学家们，对于一切事物都要优先负起责任，必须限制原子能绝对不能用来杀害全人类，而是用来增进人类的幸福方面。"1955年，爱因斯坦与罗素联名发表了反对核战争和呼吁世界和平的宣言。

1949年，爱因斯坦的《为什么要社会主义》论文大功告成。这本书中他提出了先进的看法："计划经济还不就是社会主义。计划经济本身可能伴随着对个人的完全奴役。社会主义的建成，需要解决这样一些极端困难的社会——政治问题，鉴于政治权力和经济权力的高度集中，怎样才有可能防止行政人员变成权力无限和傲慢自负呢？怎样能够使个人的权利得到保障，同时对于行政权力能够确保有一种民主的平衡力量呢？"

伟大的科学家在 20 世纪 50 年代初，曾被苏联的一些科学院士和物理学家说成是"资产阶级反动权"。当时七十年代中国的"四人帮"也拾人牙慧用这样的话攻击爱因斯坦，说他的科学是"反唯物辩证法"。而在 1953 年爱因斯坦就写下了这样的话："谁要是把自己标榜为真理和知识领域里的裁判官，他就曾被诸神的笑声所覆灭。"

名句箴言

口袋里装着一瓶麝香的人，不会到十字街头去叫叫嚷嚷让所有人都知道，因为他身后飘出的香味已说明了一切。

——歌德

趣闻逸事

1. 爱因斯坦逃学记

根据德国当时的法律，男孩只有在17岁以前离开德国才可以不必回来服兵役。1895年春天，爱因斯坦已16岁了。由于对军国主义深恶痛绝，加之独自一人呆在军营般的路易波尔德中学已忍无可忍,爱因斯坦没有同父母商量就私自决定离开德国,去意大利与父母团聚。但是,半途退学,将来拿不到文凭怎么办呢?一向忠厚、单纯的爱因斯坦,情急之中想出一个自以为不错的点子。他请数学老师给他开了张证明,说他数学成绩优异,早达到大学水平。又从一个熟悉的医生那里弄来一张病假证明,说他神经衰弱,需要回家静养。爱因斯坦以为有这两个证明,就可逃出这厌恶的地方。谁知,他还没提出申请,训导主任却把他叫了去,以他败坏班风,不守校纪的理由勒令退学。爱因斯坦脸红了,不管什么原因,只要能离开这所中学,他都心甘情愿,也顾不得这么多了。他只是为自己想出一个并未实施的狡猾的点子突然感到内疚,后来每提及此事,爱因斯坦都内疚不已。大概这种事情与他坦率、真诚的个性相去太远。

2. 慧眼识英

　　爱因斯坦16岁时报考瑞士苏黎世的联邦工业大学工程系,可是入学考试却告以失败。看过他的数学和物理考卷的该校物理学家韦伯先生却慧眼识英才,称赞他:"爱因斯坦,你是个很聪明的孩子,一个非常聪明的孩子,但是你有一个很大的缺点:就是你不想表现自己。"

　　韦伯先生是讲对了,爱因斯坦在数学方面可以说是有

"天才",他在 12 岁到 16 岁时就已经自学学会了解析几何和微积分。而对于不想表现自己这个"缺点",他也是"死不悔改"。他晚年写给朋友的信中说:"我年轻时对生活的需要和期望是能在一个角落安静地做我的研究,公众人士不会对我完全注意,可是现在却不能了。"

著名的电影演员查理·卓别林在他的影片《城市之光》于好莱坞首映之日,邀请爱因斯坦夫妇去看。爱因斯坦和卓别林走出汽车时,许多人发现爱因斯坦来看戏,大家围拢欢呼,注意力不是集中在卓别林身上而是他身上。爱因斯坦不喜欢这样的场面,问卓别林:"这是什么意思?"卓别林马上安慰他:"没有什么,这表明你很受人民的尊敬和爱戴。"

爱因斯坦在去世之前,把他在普林斯顿默谢雨街 112 号的房子留给跟他工作了几十年的秘书杜卡斯小姐,并且强调:"不许把这房子变成博物馆。"他不希望把默谢雨街变成一个朝圣地。

3. "相对论"就是这样被发现的

爱因斯坦太太曾对查理·卓别林讲述爱因斯坦发现相对论时工作的情形。后来卓别林把这事记在他的自传里。这故事倒是可以看出爱因斯坦在这历史性发现的时刻是怎么样子工作的。

"博士像往常那样穿着睡袍下楼吃早餐,可是那一天却什么也没动。我想一定有什么问题发生,我问他什么事使他魂不守舍?

"他回答:'亲爱的! 我得到一个巧妙的想法。'

"喝完咖啡后,他就走到钢琴前开始弹奏起来。几次停下来在纸上记录一些东西,然后重复地说:'我得到一个巧妙的想法,非常美妙的想法。'

"他说:'这是很困难的,我仍需要进行工作。'

"他继续玩钢琴,并且写下一些东西,这样半小时之久,然后走上楼去他的研究室,并且告诉我不要打扰他,他就一直留在房子里两星期。每天我上楼把食物送给他,傍晚时他就散一会儿步当作运动,然后回来继续他的工作。

"最后他走下楼来,脸色显得苍白。'这里就是我的发现!'他把两张纸放在桌上,这就是他的'相对论'。"

4. 宗教与信仰

德国的法律有规定,就是每家每户都必须接受宗教方面的教育,爱因斯坦也不例外。爱因斯坦一家是犹太人,但并非极其严格地遵守他们的信仰。有一段时期,爱因斯坦深深地专注于宗教——他甚至在来回学校的路上谱写一些乐曲赞美上帝。这种宗教上的兴趣仅仅持续了一年,当他12岁时,爱因斯坦就不再相信他的老师们所描绘的那种上帝了。然而他从未对大自然的崇高伟大失去敬仰之心,也不希望放弃研究那些比他所谓的"仅仅个人的"东西更加伟大的事物。

5. 小城里的伟人

普林斯顿是美国东部的一个美丽城市,这里大学林立,城市只有几千人口。美国的开国总统华盛顿退休的时候,就在这里向他的军队发表了演说。100多年过去了。无数摩天大楼在城市里升起,夺走了城市的阳光。可是,普林斯顿这个小城,依旧是古风纯朴,阳光灿烂。林荫道上的行人稀稀疏疏,道路两旁星星点点散布着一些一两层楼的小房子。红色的屋顶、白色的墙,掩映在郁郁葱葱的树木丛中。每一座房子都像绿色海洋中的一个孤岛。这里似乎闻不到金圆帝国的铜臭,听不见工业巨人的叫嚣。这里就像莱顿小城和苏黎世湖畔那样娴雅幽静,具有古老欧洲的情趣。

1933年,一个秋天的下午,普林斯顿街道两旁的树叶已经是金色斑斓。大学生特别爱光顾的那家冷饮店里,只有一个学神学的大学生在吃蛋卷冰淇淋。女服务员坐在柜台后面,没精打采,等着下班。

科学巨匠 —— 爱因斯坦

突然，玻璃门"吱呀"一声开了，进来一位满头白发的老人。女服务员一下子怔住了。这位老先生好面熟呀！她正在发愣，老先生却看了一眼大学生桌上的蛋卷冰淇淋，又点点自己的鼻子。女服务员忽然明白过来了：这是爱因斯坦，世界上最伟大的科学家爱因斯坦教授呀！大学生也跳起来，跑到柜台边上，抢着要给爱因斯坦付钱。爱因斯坦向他微笑一下，从自己的口袋里取出一枚硬币。女服务员双手接过钱，捧在胸前，嘴里喃喃自语："这枚硬币，我要藏起来留做终生的纪念！"爱因斯坦坐到大学生对面吃冰淇淋。这位大科学家还是像小孩子一样爱吃甜食。他用支离破碎的德国腔英语和大学生攀谈起来。大学生巴不得这客冰淇淋永远吃不完。爱因斯坦也在尽情享受着做一个普通人的自由。

来到新大陆，摆脱了警卫的影子、记者的跟踪和好奇者惊讶的目光，是多么自在！正当爱因斯坦在小店里津津有味吃着蛋卷冰淇淋的时候，纽约码头上却有成百上千欢迎的人群在等候他。这些年来，爱因斯坦学会了一些脱身妙计。今天，"西部号"还没有进港，一艘小汽船就把他接走了。岸上等着几辆汽车，悄悄地把爱因斯坦送到普林斯顿的一座房子面前。半个小时之后爱因斯坦就溜出来逛马路，开始了在普林斯顿的新生活。

普林斯顿这个僻静的小城因为爱因斯坦的光临而变得

和以前不一样了，成了科学的圣地。人们到这里来拜访爱因斯坦，旁听他的课，瞻仰他的风采。爱因斯坦给普林斯顿带来光荣，普林斯顿人以爱因斯坦为自己的骄傲。他们感到骄傲，是因为这位伟人像个普通人那样，生活在他们中间。你可以看到他嘴里含着冰棍，脚上穿着拖鞋在马路上走过，要是他在田野里散步，你想替他拍一张照，他会耐心地摆好姿势让你拍，等你拍完，再继续他的散步……普林斯顿人尊敬他，热爱他。大学生编了一支歌，在马路上唱：

"谁数学最棒？

谁爱上微积？

谁不喝酒，只喝水？

——我们的爱因斯坦老师！

我们的老师饭后不散步，

我们的老师时间最珍贵。

我们要请天上的造物主，

把爱因斯坦老师的头发剪短些！"

关于爱因斯坦，流传着数不清的趣闻逸事。每一则趣闻都代表一分敬意，每一件逸事都带来一分爱意。

譬如，爱因斯坦的心不在焉，就有许多故事。他在比利时王后"御笔"题赠给他的诗的背后做计算。他在鞋店的发票背面写好答词，跑到庄严的授奖仪式上去掏出来宣读。

有一则这样的故事，那时在柏林他一个朋友的家里，正边吃饭边和主人讨论问题。忽然间来了灵感,他抄起钢笔,在口袋里找纸,一时找不着,情急之下竟在主人家的新桌布上写开了公式。

还有一则故事发生在他刚到普林斯顿后不久。一天,普林斯顿大学研究院院长办公室里的电话响了。秘书拿起听筒,听到德国口音很重的英语。

"我能不能和院长讲话呀?"

"很抱歉,院长出去了,"秘书回答说。

"那么,也许,嗯……你能告诉我,爱因斯坦博士住在什么地方吧!"当时有规定,绝对不准干扰爱因斯坦的研究工作,连罗斯福总统邀请爱因斯坦到白宫去作客,都要事先征得院长同意。因此,秘书很客气地拒绝回答爱因斯坦住在什么地方。这时,电话听筒里的声音变低了,低得几乎听不见。

"请你别对人讲,我就是爱因斯坦博士。我要回家去,可是忘了家在哪里了。"

总所周知,爱因斯坦不爱钱财。对于他来说,每一份财产都是一块绊脚石,它破坏人的恬淡心境。在美国这个拜金成风的国家,有这样的品格,也是使人感兴趣的。有一则轶事说,爱因斯坦把一张 1500 美元的支票夹在书里当书签用,结果把书弄丢了。还有一个故事说,人家请他在无线电上讲话,他拒绝了,说他不爱出风头。人家出了 1000 美元,请他只讲一分钟话,他也拒绝了,说他不需要钱。

关于他的谦虚、纯朴、善良和幽默,也有许多故事。一个中学生听老师说,爱因斯坦是世界上最伟大的数学家,就写信问他一道几何题怎样解法。他果真用颤巍巍的手写了回信,给那个孩子解几何题。

有一个故事是这样的:普林斯顿有个 12 岁的女孩子,在放学回家的时候,总是跑到爱因斯坦家里去玩。妈妈发现之后,把孩子骂了一顿,同时赶紧来向爱因斯坦道歉,说女孩子不懂事,浪费了教授许多宝贵时间。爱因斯坦笑着说:"噢,不用道歉。她带甜饼给我吃,我帮她做算术题。不过,我从她那里学到的东西,恐怕比她从我这里学到的东西还要多。"

还有这样的故事:有一次,美国一家医院要聘请一位 X 光专家。一个犹太难民来求爱因斯坦帮忙,爱因斯坦给他写了一封推荐信。过了几天,又来了一个从希特勒铁蹄下逃出来的犹太人,要求帮忙。爱因斯坦给他也写了一封推荐信。这样,一共给四个逃难来的犹太人,写了四封推荐信,去争夺同一个职位。后来,爱因斯坦的亲笔介绍信实在写得太多,那些犹太难民跑到英国、美国的大学里,沾沾自喜地拿出介绍信,还没来得及开口,校长秘书就会给他当头泼一盆冷水说:"行了,行了,收起你的介绍信吧。每人都有这样一封介绍信!"

还有一个故事说：一群大学生说说笑笑，跑来问爱因斯坦，什么叫相对论。他回答说："你坐在一个漂亮姑娘旁边，坐了两小时，觉得只过了一分钟；如果你紧挨着一个火炉，只坐了一分钟，却觉得过了两个小时，这就是相对论。"爱因斯坦的风趣与幽默就是这样感染着普林斯顿每个人，这样的轶事写不尽，说不完。

6.永恒而神圣的好奇心

在纽约赫德逊河畔，有一所大教堂。白色的石墙上，雕刻着人类有史以来六百位巨人的像。有哲贤、君王、大将、智者，还有十四位科学家，这其中只有一位当时还活着的科学家就是爱因斯坦。

现在这位巨人早已退休，但是每天早晨，他还来到高等研究院自己那间斗室里，有时，有几个学生、教授来讨论问题。更多的都是他独自一个人，站在小黑板面前，用苍老的手写下一个个娟秀的小字。这些小字组成一行行公式，代表着宇宙间物质运动和物质结构最普遍的规律。爱因斯坦想想写写，写写停停，对着这些奇妙的公式出神。这世界显然是可知的——可以从一些基本概念和基本定律出发，经过逻辑的推演，找出它的规律来——这是最不可思议的事。这世界为什么偏偏那样秩序井然，而不是朦胧混沌，乱麻似的一团呢？爱因斯坦又陷入了哲学思辨之中。他的感受，仍旧像少年时代第一次读到那本"神圣的几何小书"的时候那样，清新而又亢奋，惊讶而又狂喜。中午，爱因斯坦步行回家。同事们要用汽车送他，他总是谢绝。他穿一件旧毛衣，像小学生似的，圆领上插一支老式钢笔。一双光脚塞在旧皮鞋里，在街上蹒跚地走过。熟人向他亲切地微笑致意，他也向人腼腆地微笑答礼。有时会投来惊讶的一瞥和饥渴的眼光，那是外来的陌生人。爱因斯坦不去管那些，他只顾走自己的路。

都说老年是第二个童年。垂暮之年复归为少小之时。爱因斯坦在普林斯顿洒满树荫的街上走过，他的心情和六七十年前那个在慕尼黑大街上歌唱上帝的小学生一样。爱因斯坦仍旧在走自己的路，追求自己的理想。

爱因斯坦通常利用午睡过后这段时间处理书信事务，或者接待客人，有时也在书房里工作。梅塞街二楼的书房，两壁排满了书架，从地板到天花板都是书。另一面墙壁上，挂着法拉第和麦克斯韦的像——柏林的阁楼书房里挂的也是这两张像——还有一张甘地的像。大窗户开着，把鲜花的芳香迎到房间里，把几片不听话的枝叶也迎了进来。书房和花园连成了一片。爱因斯坦站在大窗户前，看着那几棵橡树。它们亭亭玉立，交构成大大小小的拱门；它们枝叶扶疏，在微风中婆娑起舞。这时，爱因斯坦又会感到惊讶，就像他幼年看着罗盘上那根红色小指针的时候一样惊讶。这里是几个丫杈,像拳头一样有力;那里是几片叶子,轻轻地、快乐地摇动着;还有几个芽苞,露出了它们小小的、嫩绿的芽尖,焦急地,羞羞答答地。

啊,自然界的生命是多么美丽、奇妙啊! 单是要理解这几棵普普通通的橡树生命,我们人类几千年积累下来的知识还差得远呢! 这时,爱因斯坦心头又会产生出一种神秘感。这是人类一切感情中最美丽、最深邃的感情。它是一切真正科学的播种者啊!

"一个人要是再也体验不到那种神秘感,那种惊异和狂喜交织而成的崇高的激情,那他的生命也就没有什么意义了,"爱因斯坦想。他转过身去,回到大写字台前,对着那一大堆草稿纸,自言自语地说:"只要你有一件合理的事去做,你的生活就会显得特别美好。"爱因斯坦有合理的事做。所以,在生活的苦难之中,又体验到生活的美好。他那合理的事就是为人类服务。为了解宇宙而思索、探求、计算,为和平呼吁,为自由呐喊,这一切都是在为人类服务。

爱因斯坦步履蹒跚了,思想的行进缓慢了,创造的灵感逃遁了。一般学者到这个年龄,早就退出了创造性科学研究的战场。最多不过挂一个校长、主任的名,指挥指挥罢了。可是爱因斯坦像一名老兵,依旧在前线冲锋陷阵。他坐在写字台前,又写下了一行行公式,很快就写满了一张。

一张张草稿,又堆成了一小堆,就像半个世纪前,他在伯尔尼专利局里一样。

爱因斯坦还在继续他的统一场论。不像狭义相对论和广义相对论,在黑暗中摸索,走过许多弯路和错路之后,终于见到了光明。统一场论,这相对论发展的第三阶段,在黑暗中摸索了几十年,仍然在黑暗中。

实验做了一次又一次,助手和学生来了一个又一个,只有爱因斯坦坚持在阵地上。他还要继续摸索,迈着老年人蹒跚的步子摸索。生活就是追求真理。是的,莱辛说过:"对真理的追求比对真理的占有更为可贵。"在这位年逾古稀的老人身上,有一颗童心。多少年前,那根小小的罗盘指针所点燃的神圣的好奇心,依旧在熊熊燃烧。在爱因斯坦七十岁生日的时候,普林斯顿举行了盛大的科学报告会,有三百多位著名的科学家出席,向他致贺。

诺贝尔奖金获得者拉比致词说:"什么时候有过另一个人,曾经有过这么大的贡献?⋯⋯在爱因斯坦以前,在爱因斯坦以后,从来也没有人这样深入地探索、研究过我们关于空间、时间、因果性这样一些人类最本能的观念。"世界已经不要求爱因斯坦做出新的成绩,爱因斯坦却在生日前、生日后,都拿出了新的科学论文。有人看了他的论文,摇头说:"还是统一场论!和二十年前、三十年前一样,只有数学形式,缺乏物理内容。该结束了!"爱因斯坦是不是该结束了呢？不，决不结束。他对人说过："没有统一场论，就没有物理学。如果没有物理学，那活着还有什么意义呢？"

1951年1月6日，这位当年的第一小提琴手写信给第二小提琴手比利时王太后伊丽莎白："我不拉小提琴了。这些年来，听我自己演奏，越听越难受。希望你没有遭到类似的命运。留给我的事情是：毫不怜惜自己，研究困难的科学问题。那个工作迷人的魔力，将持续到我停止呼吸。"

但是，也有各种各样的事情来打搅他的科学研究。世界和平没有保障，公民权利遭到践踏，这使他无限忧虑。大自然创造出人的生命，人也热爱生命，战争却毁掉生命。这是反自然的。所以，爱因斯坦反对战争。大自然给人自由活动的天地，人也热爱自由，法西斯分子却要剥夺人的自由。这也是反自然的。所以爱因斯坦反对法西斯。

还有其他的事情敢来打搅他。

那是爱因斯坦的老朋友以色列首任总统魏茨曼去世之后。在1952年的一天晚上，电话铃响了，又是一位记者打来的。"教授先生，听说要请你出任以色列共和国总统，你会接受吗？""不会。我当不了总统，"爱因斯坦说。"总统的职位是象征性的，没有多少具体事务。教授先生，你是最伟大的犹太人。不，不，你是全世界最伟大的人。由你来担任以色列总统，象征犹太民族的伟大，再好不过了。""不，我干不了，"爱因斯坦说。刚放下电话，电话铃又响了。这次是助手杜卡斯小姐去接的。

"天哪,是华盛顿打来的,以色列大使要和你讲话。"她把话筒递给爱因斯坦。

"教授先生,我想请问一下,如果提名你当总统候选人,你愿意接受吗?"大使说。

他奉以色列共和国总理之命来向爱因斯坦探询的。

"大使先生,关于自然,我了解一点,关于人,我几乎一点也不了解。我这样的人,怎么能担任总统呢?请你向报界解释一下,给我解解围。现在,梅塞街已经很不安宁了。"

"教授先生,已故总统魏茨曼也是教授呢。你能胜任的。"

"不,魏茨曼和我是不一样的。他能胜任,我不能。"

"教授先生,每一个以色列公民,全世界每一个犹太人,都在期待你呢!"大使的话,是很真挚的。

"那……,"爱因斯坦也被自己同胞这一番好意感动了。"我怎么办呢?那实在不好意思,我要使他们失望了。"

提名当总统、拒绝当总统,如此重大的事情哪能随随便便在电话上决定呢?11 月 8 日,大使先生走进默谢雨街112 号的绿色大门。他带来了以色列总理的信,正式提请爱因斯坦为以色列共和国总统候选人。

爱因斯坦也在报上发表声明,正式谢绝。

任何东西都阻止不了伟人探索科学的坚强信心,荣誉和颂扬,这腐蚀灵魂的烈酒,爱因斯坦有办法规避,那就是工作。他在神圣的好奇心的驱使下,精神矍铄,迈着颤巍巍的步子,又开始工作了。

7. 博爱的世界公民

爱因斯坦在科学领域里的卓越贡献,也许在历史上只有哥白尼、牛顿和达尔文可以与之媲美。可是爱因斯坦并不把自己的注意力限于自然科学领域,同时也以同样的热忱关心社会,关心政治。他深刻体会到科学思想的成果对社会会产生怎样的影响,一个知识分子对社会应负怎样的责任。他说:"人只有献身于社会,才能找出那实际上是短暂而有风险的生命的意义。""一个人的真正价值首先取决于他在什么程度上和在什么意义上自我解放出来。"他爱憎分明,有强烈的是非感和社会责任感。他一贯反对侵略战争,反对军国主义和法西斯主义,反对民族压迫和种族歧视,为人类进步和世界和平事业进行了不屈不挠的斗争。

8. 爱因斯坦和罗曼·罗兰

法国进步作家和和平主义者罗曼·罗兰盛名远播,1915 年,爱因斯坦通过"新祖国同盟"与之取得联系。同年

9月,他冒着遭受德国军国主义迫害的危险,到瑞士同罗曼·罗兰会晤,商讨反对战争和维护和平的问题。爱因斯坦认为,在当时的德国,"首先人们看到争夺权力的意志,对武力的钦佩,以及他们所专有的对征服和并吞的决心",他说:"假如科学和艺术想要自由地生活的话,绝对必须把德国打垮。"爱因斯坦的强烈反战态度,使罗曼·罗兰感到惊叹,他在日记中写道:"爱因斯坦生活在德国,竟然这样自由地指责德国,这简直令人难以相信。"

天才免不了有障碍，

因为障碍会创造天才。

——罗曼·罗兰

名句箴言

巨星最后的关注

1955年4月17日，20世纪最伟大的科学家去世了。就在几个小时以前，爱因斯坦还从普林斯顿医院的病榻上强行坐起来，开始了他一生的最后一次计算。他的床边放着他最后的、也是失败的一项努力，即创造自己的"统一场理论"——对于宇宙中所有已知力量的一项单一的、条理清晰的解释。

爱因斯坦寻求这项理论已经有 30 多年,虽然没有获得成功,但这种孜孜不倦寻求真理的精神却值得我们每个人学习。在当时,与任何物理学家前辈相比,爱因斯坦都更加具备把引力和电磁统一起来所需的信念与智慧,但是他很快就发现,这一难题比他想象的要难得多。第一个重大障碍是找到一条把广义相对论和麦克斯韦的方式结合成为一个统一模式的途径。根据广义相对论,引力是我们周围的空间与时间的结构本身扭曲的结果,与此形成对照,麦克斯韦的方程则把电磁力看作一种穿越四维领域流动的"力场"。更加糟糕的是,在爱因斯坦忙于解决自己的统一场理论的同时,人们发现了两种更基本的力——把原子核相互连接起来的所谓的核强力,以及造成放射性的核弱力。这两种力可以用"信使"粒子传导的理论来完美解释——而这与爱因斯坦对引力的看法大相径庭。

"大一统场理论"是美国哈佛大学的格拉肖于 1973 年提出来的,它是把电磁力、核弱力和核强力统一起来的一个数学公式。该理论开辟了有关自然界的基本作用力的广阔视野,认为所有这三种力都曾经是一种在大爆炸刚刚结束的时候统治着宇宙的单一的"超力"的一部分,随着宇宙冷却下来,它们分裂开来,从而创造了我们今天所看到的宇宙。

一些理论家当时已经尝试了利用量子场理论让引力参加进来。但是像爱因斯坦一样,他们也都遇到了严重的数学问题。

1984年，美国加利福尼亚理工学院的约翰—施瓦茨和英国伦敦大学的米歇尔—格林等理论家的成果使同行震惊，他们宣布能够把引力与其他的力统一起来，而又不会遇到通常的问题。唯一的条件是，粒子不再被看作仅仅是点，而是称为超弦的极小的物体。这些像线一样的物体要比原子核小得多，它们还必须拥有超对称性，并且存在于十维之中。

这是一个惊人的断言，促使大批理论家纷纷对超弦进行进一步的研究。然而到20世纪80年代末为止，理论物理学家们捉出的超弦理论却足足有5种，而且没有任何方法能够在它们之间做出明确选择。超弦似乎仅仅是某种更加宏大的东西的一个影子。

1995年，普林斯顿大学高级研究所的超弦理论家爱德华—威滕指出，所有5种超弦理论仅仅是对一项单一的、凌驾于一切之上的理念的粗略的描述，他称之为M理论，"M"代表"膜"，5种超弦理论就仅仅成为11维的膜的多维的"边缘"而已。这11维当中除了4维以外全都卷曲得很小，以致我们无法看到。

这实在是一项惊人的成就，但尚未完结。究竟M理论11维当中除了4维之外的所有维是如何卷曲到小得看不见？为什么会是如此？它们是可以通过试验察觉的吗？力和粒子之间优美的统一性为什么如此难以发现？

名句箴言

天才并不是自生自长在深林荒野里的怪物，是由可以使天才生长的民众产生、长育出来的，所以没有这种民众，就没有天才。

——《鲁迅全集》

天才之脑

爱因斯坦对人类作出的辉煌贡献使得很多人对他的大脑也产生了浓厚的兴趣，爱因斯坦的大脑难道真的不同于普通人的大脑吗？美国加利福尼亚大学的达利亚－扎德尔博士近日在一项研究中发现，科学家爱因斯坦的大脑灰质区与普通人有明显的区别，但这些区别与他具有超人的智商之间到底有哪些联系现在还是一个未知数。爱因斯坦 1955 年去世,享年 76 岁,这次扎德尔为了研究天才与平常人的大脑到底有什么不同特意对爱因斯坦死后不久取下的两块脑切片进行了分析。这两块切片中包含爱因斯坦脑部海马区的细胞,这个区域主要承担记忆和语言功能。

扎德尔特意将 10 位普通人的大脑与爱因斯坦的大脑组织进行了比较,这 10 位普通人去世时的年龄大约在 22 岁到 84 岁之间。结果发现,爱因斯坦脑部海马区的左侧神经细胞比右侧神经细胞大得多,扎德尔表示,普通人海马区左右两侧的神经细胞大小差别不大,这意味着爱因斯坦的大脑的确与普通人有很大区别。扎德尔认为,爱因斯坦脑部海马区左侧神经细胞大于右侧可能说明其左脑海马区和大脑皮层之间神经细胞的联系较之右脑更加紧密。扎德尔表示,大脑皮层正是人类逻辑、分析以及创新思维发生的地方。扎德尔表示,爱因斯坦脑部的上述不对称现象的起源尚不得而知,到底是他一出生就是这样还是在成长过程当中逐渐演变成这样还是一个谜。扎德尔在接受路透社采访时还表示:"我也不清楚这种不对称现象到底与爱因斯坦具有超常智商之间有什么联系。"

"科学泰斗爱因斯坦脑部负责数学运算的部分比常人大 15％"这个秘密最近被加拿大神经学家破解。这一消息一经传出,立即在世界上引起强烈轰动,爱因斯坦的身世也再次成为人们谈论的话题。这位科学泰斗虽然聪明绝顶,但他肯定没想到,自己的大脑会给美国那些大搞克隆天才人物的科学家以启发,说不定有一天真的被克隆出另一个爱因斯坦来。

1955 年 4 月 18 日,爱因斯坦与世长辞。被誉为人类历史上最具创造才华的科学家去世前,在医院里亲手写下一份遗嘱,明确表示死后将重归"神秘之土",尸体进行火化,然后把骨灰撒在人们不知道的地方。在遗嘱的最后,他庄重声明,葬礼简单,不搞铺张浪费,不允许像其他一些名人那样把自己的住所改成纪念馆。

此后,社会上流传着有关他的遗嘱的多种说法。有的说他生前已经明确表示,死后捐出脑部供科学研究;也有人说,爱因斯坦想到了自己大脑的重要性,但并没有表示捐出的意思;还有人说,他重病期间,与主治医生认真探讨过这个问题,但没有作出肯定的答复。

权威人士分析,爱因斯坦当然知道自己大脑所具有的科研价值,因此如果他要力保脑袋和身体一起火化,不留给世人进一步研究,以其聪明,他必定会在遗嘱上声明,"死后尸体完整火化",实际情况是,他并未写上"完整"这个字眼,所以他至少已经默许了死后大脑可供人研究。那个年代已经开始流行脑切片研究,爱因斯坦应该知道,要阻止人们进行脑切片研究几乎是不可能的。

爱因斯坦在普林斯顿医院治疗期间,为他治病的主治医生是托马斯·哈维。哈维对科学泰斗早已仰慕已久,他也一直在考虑爱因斯坦为什么才智如此超群这个问题。事有凑巧,那天负责验尸的正是哈维,所以他顺顺当当地把爱因斯坦大脑完整地取了出来。

爱因斯坦逝世时已 76 岁高龄,哈维医生当时 42 岁,他把大脑秘密带回家中,保存在消毒防腐药水里,后来又用树脂固化,再切成大约 200 片,并亲自动手进行大脑研究,同时也给科学界提供切片进行探讨。

哈维保存大脑几十年也是科学界对大脑进行研究的几十年。据不完全统计,研究过爱因斯坦大脑的科学家不计其数。有人猜测,这其中肯定有惊人的发现,但很多科学家是在政府的授意下进行研究的,成果属于国家秘密,不便发表而已。

1997 年 84 岁高龄的哈维已步履维艰,他想到自己身体再健康,也会有死的那一天,便决定把脑切片送还爱因斯坦生前工作的地方——普林斯顿大学。

在把"大脑"归还给普林斯基大学之前,哈维于当年的 10 月份带着爱因斯坦的脑切片,做了一次乘车横贯美国的旅行。爱因斯坦病中曾对哈维说过,他想做一次横贯美国东西之行,但这个想法一直没有实现。现在,哈维带着他的大脑横穿美国大陆,算是替爱因斯坦实现了他的夙愿。

当爱因斯坦的大脑成了哈维的"私有财产"之后,美国政府就意识到大脑的重要价值,虽然没有要求哈维把大脑贡献出来,但为了保守秘密,为了预防万一,一直暗中对哈维实验室提供监护。当哈维把大脑带出实验室准备横贯美国大陆时,美国联邦调查局引起高度重视,连忙派人秘密全程守护。哈维怎么也没想到,他从东到西走了4000公里,联邦调查局特工竟然跟踪了他4000公里!

哈维携手爱因斯坦大脑圆满完成了"美洲旅行",安全抵家后慎重把它交给了普林斯顿医院保管,此脑经历了43年的辗转迁回,最后还是回到了爱因斯坦逝世的地方。大脑送回后的消息一经传出,院方很快便收到全世界各国的书信申请,都表示希望医院能配合他们对爱因斯坦大脑进行研究的工作,其中包括加拿大安大略省麦克马斯特大学女教授桑德拉·威尔特森、日本群马大学医学院的山口晴保教授。经研究,山口教授于去年11月公开了初步的结果,他发现爱因斯坦大脑有明显老年痴呆的症状,他因患腹部大动脉肿瘤死于76岁。山口仍在继续从事揭示爱因斯坦天才大脑秘密的工作,希望他有更大的收获。

威尔特森教授领导的研究小组则另有建树,他们说爱因斯坦的天才是与身俱来的,并非后天用功求学得来,虽然后天的努力也能成才,但天生天才也是事实。据威尔特森研究的结果,爱因斯坦大脑左右半球的顶下叶区域,比一般人几乎大 15％,非常发达。大脑后上部的顶下叶区发达,对一个人的数学思维、想象力以及视觉空间认识,都发挥着重要作用,这是为何爱因斯坦有独特的思维才智过人的根本原因。

　　威尔特森发现爱因斯坦大脑的另一显著特点是:表层很多地方没有凹沟,这些凹沟就像脑中的路障,使神经细胞受阻,难以互相联系,如果脑中没有障碍,神经细胞就可横行无阻进行沟通,思维活跃无比。威尔特森的研究小组,把爱因斯坦大脑与 99 名已死老年男女的脑部比较,得出了这一结论。威尔特森的研究结论轰动了世界,但很多权威科学家呼吁,这一发现固然可喜,但应谨慎对待,因为仅凭着爱因斯坦的一个大脑就得出这样的结论,理由似乎并不很充分,因为那可能只是一般聪明的犹太人普遍具有的脑部特征,爱因斯坦尽管生来是天才,但如果没有后天的培养和个人的努力,天才也难发挥出超人的智慧。哈佛大学比尼斯教授指出,爱因斯坦脑部的最新发现无疑有重大意义,但仍需要作更深入的研究和比较,才可对天才之脑下结论。

名句箴言

在许多问题上我的说法跟前人大不相同，但是我的知识得归功于他们，也得归功于那些最先为这门学说开辟道路的人。

——哥白尼

怀念巨星

1955 年 4 月 18 日，一个很寻常但又非常不寻常的日子，人类历史上最伟大的科学家——阿尔伯特·爱因斯坦逝世于美国普林斯顿，享年 76 岁。巨星陨落，举世同悲。

巨星已离我们远去，让我们通过以色列广播再听听他的呼声吧！"我们这个时代最大的问题是人类分成两个互相对敌的阵营∶'共产世界'和所谓的'自由世界'。由于'自由'及'共产'这两个词的意义对我很难理解,我宁愿用'东方'和'西方'的权力冲突来说,然而,这地球是圆的,这样'东方'和'西方'的真正精确意义也不能清楚。"

生前摈弃虚荣,死后更不要哀荣的爱因斯坦立下遗嘱,要求不发讣告,不举行葬礼,丧事尽量从简。他把自己的脑无私供给医学研究,身体火葬焚化,骨灰秘密的撒在不让人知道的河里,不要有坟墓也不想立碑。在把他的遗体送到火葬场火化的时候,随行的只有他最亲近的 12 个人,而其他人对于火化的时间和地点都不知道。

在去世之前,爱因斯坦把他在普林斯顿——默谢雨街112 号的房子留给跟他工作了几十年的秘书杜卡斯小姐,并且一再强调:"不许把这房子变成博物馆。"他不希望把默谢雨街变成一个朝圣地。他一生不崇拜偶像,也不希望以后的人把他当作偶像来崇拜。爱因斯坦曾经说过:"我自己不过是自然的一个极微小的部分",他把一切献给了人类从自然界获得自由的征程,最后连自己的骨灰也回到了大自然的怀抱。但是正如英费尔德第一次与他接触时所感受到的那样:"真正的伟大和真正的高尚总是并肩而行的",爱因斯坦的伟大业绩和精神永远留给了人类。

在爱因斯坦离开我们之后,有许多人担心"世界末日要来了"而惶惶不可终日。让我们读一读爱因斯坦写的那首振奋人心的《从那个时候起我们会产生勇气吧》。

"我们必须对世界以宽大的心胸待之。此外,要讲求保障的手段,以免错误地使用自然能量,然后还需要把我们关于大自然的能量的知识公开于世上。我们为了世界人类的安全……还必须积极地努力工作。我们必须清楚地明白一件事实。那便是,我们不可能同时建立战争的计划与和平的计划。当我们拥有一颗光明的心与精神的时候,或许对于那些威胁世界和平的恐怖事情,我们会升出克服它们的勇气。"

大家都知道诺贝尔奖是世界最高荣誉。当初诺贝尔在遗嘱中声称将诺贝尔奖用于奖励那些在物理学、化学、生理学或医学、文学及和平事业中"对于人类作出最大贡献的人"，加上诺贝尔奖评选委员会总是坚持许多不合理的评选规则，致使20世纪的一些最重大发现或优秀科研成果与诺贝尔奖擦肩而过。

长期以来，诺贝尔奖评选档案一直处于保密状态，评选内幕自然不为世人所知。直到1974年，诺贝尔基金会才做出一项新的规定。但是，这项新规定还是要求"仅对过去五十年的评奖档案保密"。

在20世纪的头20年里，由于爱因斯坦提出相对论，几十名著名科学家一直提名他为诺贝尔物理学奖候选人。但是，当时身为诺贝尔奖评审团成员、1911年诺贝尔生理学奖得主加尔斯特兰德却根据已公开的诺贝尔奖评选档案资料认为，相对论应接受时间的考验，致使爱因斯坦连年落选。

爱因斯坦究竟该不该获诺贝尔奖的僵局直到瑞典皇家科学院成员，年轻的奥森于1921年提出的一项折中方案才彻底打破。奥森提出让爱因斯坦的另一项研究成果——光电效应理论获诺贝尔物理学奖。这样，奥森的提案才被加尔斯特兰德及其他评委会成员所接受，使爱因斯坦获得了 1921 年诺贝尔物理学奖。

"哈勃定律"

"在无垠的宇宙中，银河系只是一名小小的成员"。这是美国天文学家埃德温·哈勃在 20 世纪的二三十年代经过潜心研究才得出的结论。

哈勃首次提出，在银河系之外存在大量星系，并认为遥远的星系在其光谱中产生显著的"红移"现象。

哈勃

哈勃的理论认为，"红移"最快的星系就是离我们最远的星系。这也就是著名的"哈勃定律"。

"哈勃定律"的诞生，使哈勃名气大噪。但是，当时的诺贝尔物理学奖评审团仍坚持旧的评选规定——天体物理学的发现不在评奖范围内，使哈勃失去获奖机会。尽管后来有消息说，在 1953 年哈勃去世之前，物理奖评审团也曾一度同意推举他获奖。当时,传记家、印第安纳大学教授克里斯蒂森曾评论说,如果评审团早点破除清规戒律,哈勃肯定能获得诺贝尔奖。

"岛屿生物地理学"

20世纪50年代和60年代,罗伯特·麦克阿瑟和爱德华·威尔逊运用数学研究并创造性进行实地考察后提出,物种是如何移居新领地的理论,使世界科学界为之震惊。

今天,自然资源保护工作者运用这一理论,能计算出为保护濒临灭绝物种的生存需要多少栖息地;进化生态学家利用这一理论,对物种构成和物种的灭绝有了更为深入的了解。

尽管麦克阿瑟于1972年逝世,威尔逊也未获得诺贝尔奖,但他却获得过大量颇有声望的其他科学奖。纽约哥伦比亚大学的皮姆教授说,同科学界的承认相比,是否获得诺贝尔奖并不重要,诺贝尔奖并不代表一切。

"大陆漂移"理论

球物理学家韦格纳在1915年提出地球陆地漂移的理论时,遭到很多人讥笑,认为大陆漂移说荒诞不经。韦格纳于1930年因进行科学探险考察在格凌兰遇难。

后来,一些科学家继承了韦格纳的事业,继续对大陆漂移理论进行研究,并完善了他的理论。到 20 世纪 50 年代人们获得有关这一理论无可辩驳的证据时,韦格纳已经不在人世了,他也没有获得诺贝尔奖。

"意识与无意识"理论

1929 年,著名的心理学家弗洛伊德提出了轰动一时的"意识和无意识及其对行为影响的理论"。但这一理论并未使他获诺贝尔奖。

一些传记家说,弗洛伊德死前一直认为,10 年后诺贝尔奖评委会会打电话告知他获奖。但因在诺贝尔活着的时代,心理学处于早期发展阶段,因此心理学理论不会被列入评奖范围,研究心理学的人必会被拒之门外。

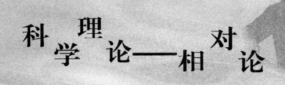

科学理论——相对论

我愈是在自己的工作中寻求帮助，就愈是把时间花在那些创立这门学科的人身上。我愿意把我的发现和他们的发现结成一个整体。

——哥白尼

名句箴言

爱因斯坦与相对论

光的性质如何，对于光是怎样产生的？在空间如何传播？光怎样从物质中出现？光是什么，是物质、振动、还是纯能？颜色是否为光必不可少？对于这许许多多的问题，科学已经作出了部分解释，但归根结底，还有很多谜，直到现在也无法用科学解释，这些问题始终尚未完全解答。不过，20 世纪初，在人们了解光、研究光的过程中,带来了物理学的两场革命,这就是相对论和量子论。为建立这两个理论体系,许多科学家都作出了重要贡献,他们都是一些杰出的物理学大师,其中最为突出的是爱因斯坦。

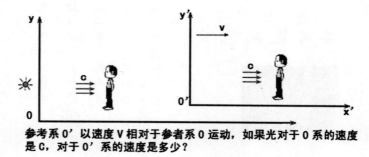

参考系 0' 以速度 V 相对于参者系 0 运动, 如果光对于 0 系的速度是 C, 对于 0' 系的速度是多少?

狭义相对论公式

狭义相对论

在读大学时,爱因斯坦就从书本上了解到光是以很快速度前进的电磁波,由此他联想到,如果一个人以光的速度运动,他将看到一幅什么样的世界景象呢? 他将看不到前进的光,只能看到在空间里振荡着却停滞不前的电磁场。这种事可能发生吗?

很多事物表面看上去毫无关联其实都是息息相关的,他非常想探讨与光波有关的所谓以太的问题。以太这个名词源于希腊,用以代表组成天上物体的基本元素。17 世纪,笛卡尔首次将它引入科学,作为传播光的媒质。其后,惠更斯进一步发展了以太学说,认为荷载光波的媒介物是以太,它应该充满包括真空在内的全部空间,并能渗透到通常的物质中。与惠更斯的看法不同,牛顿提出了光的微粒说。牛顿认为,发光体发射出的是以直线运动的微粒粒子流,粒子流冲击视网膜就引起视觉。18世纪牛顿的微粒说占了上风,然而到了19世纪,却是波动说占了绝对优势,以太的学说也因此大大发展。当时的看法是,波的传播要依赖于媒质,因为光可以在真空中传播,传播光波的媒质是充满整个空间的以太,也叫光以太。与此同时,电磁学得到了蓬勃发展,经过麦克斯韦、赫兹等人的努力,形成了成熟的电磁现象的动力学理论——电动力学,并从理论与实践上将光和电磁现象统一起来,认为光就是一定频率范围内的电磁波,从而将光的波动理论与电磁理论统一起来。以太不仅是光波的载体,也成了电磁场的载体。直到19世纪末,人们企图寻找以太,然而从未在实验中发现以太。

在爱因斯坦的研究正如火如荼地进行时,电动力学遇到了一个重大的问题,就是与牛顿力学所遵从的相对性原理不一致。关于相对性原理的思想,早在伽利略和牛顿时期就已经有了。电磁学的发展最初也是纳入牛顿力学的框架,但在解释运动物体的电磁过程时却遇到了困难。按照麦克斯韦理论,真空中电磁波的速度,也就是光的速度是一个恒量,然而按照牛顿力学的速度加法原理，不同惯性系的光速不同，这就出现了一个问题：适用于力学的相对性原理是否适用于电磁学？例如，有两辆汽车，一辆向你驶近，一辆驶离。你看到前一辆车的灯光向你靠近，后一辆车的灯光远离。按照麦克斯韦的理论，这两种光的速度相同，汽车的速度在其中不起作用。但根据伽利略理论，这两项的测量结果不同。向你驶来的车将发出的光加速，即前车的光速＝光速＋车速；而驶离车的光速较慢，因为后车的光速＝光速－车速。麦克斯韦与伽利略关于速度的说法明显相悖。我们如何解决这一分歧呢？

19 世纪是理论物理学达到巅峰状态的非常时期，但其中也潜伏着巨大的危机。海王星的发现显示出牛顿力学无比强大的理论威力，电磁学与力学的统一使物理学显示出一种形式上的完整，并被誉为"一座庄严雄伟的建筑体系和动人心弦的美丽的庙堂"。在人们的心目中，古典物理学已经达到了近乎完美的程度。德国著名的物理学家普朗克年轻时曾向他的老师表示要献身于理论物理学，老师劝他说："年轻人，物理学是一门已经完成了的科学，不会再有多大的发展了，将一生献给这门学科，太可惜了。"

谁又是那个将构建崭新的物理学大厦的人呢？在当时的科学领域似乎只有爱因斯坦才有这样的资质与潜力。在伯尔尼专利局的日子里，爱因斯坦广泛关注物理学界的前沿动态,在许多问题上深入思考,并形成了自己独特的见解。在十年的探索过程中,爱因斯坦认真研究了麦克斯韦电磁理论,特别是经过赫兹和洛伦兹发展和阐述的电动力学。爱因斯坦坚信电磁理论是完全正确的,但是有一个问题使他不安,这就是绝对参照系以太的存在。他阅读了许多著作发现,所有人试图证明以太存在的试验都是失败的。经过研究爱因斯坦发现,除了作为绝对参照系和电磁场的荷载物外,以太在洛伦兹理论中已经没有实际意义。于是他想到:以及绝对参照系是必要的吗?电磁场一定要有荷载物吗?

爱因斯坦从小就喜欢阅读哲学著作,哲学中许多思想营养深深影响着他,他相信世界的统一性和逻辑的一致性。相对性原理已经在力学中被广泛证明,但在电动力学中却无法成立,对于物理学这两个理论体系在逻辑上的不一致,爱因斯坦提出了怀疑。他认为,相对论原理应该普遍成立,因此电磁理论对于各个惯性系应该具有同样的形式,但在这里出现了光速的问题。光速是不变的量还是可变的量,成为相对性原理是否普遍成立的首要问题。当时的物理学家一般都相信以太,也就是相信存在着绝对参照系,这是受到牛顿的绝对空间概念的影响。19 世纪末,马赫在所著的《发展中的力学》中,批判了牛顿的绝对时空观,这给爱因斯坦留下了深刻的印象。1905 年 5 月的一天,爱因斯坦与一个朋友贝索讨论这个已探索了十年的问题,贝索按照马赫主义的观点阐述了自己的看法,两人讨论了很久。突然,爱因斯坦领悟到了什么,回到家经过反复思考,终于想明白了问题。第二天,他又来到贝索家,说:谢谢你,我的问题解决了。原来爱因斯坦想清楚了一件事:时间没有绝对的定义,时间与光信号的速度有一种不可分割的联系。他找到了开锁的钥匙,经过五个星期的努力工作,爱因斯坦把狭义相对论呈现在人们面前。

经过爱因斯坦夜以继日的潜心研究,1905 年 6 月 30 日,论文《论动体的电动力学》大功告成。德国《物理学年鉴》接受了这篇论文,并于同年 9 月在该刊上发表。这篇论文是关于狭义相对论的第一篇文章,它包含了狭义相对论的基本思想和基本内容。狭义相对论所根据的是两条原理:相对性原理和光速不变原理。爱因斯坦解决问题的出发点,是他坚信相对性原理。伽利略最早阐明过相对性原理的思想,但他没有对时间和空间给出过明确的定义。牛顿建立力学体系时也讲了相对性思想,但又定义了绝对空间、绝对时间和绝对运动,在这个问题上他是矛盾的。而爱因斯坦大大发展了相对性原理,在他看来,根本不存在绝对静止的空间,同样不存在绝对同一的时间,所有时间和空间都是和运动的物体联系在一起的。对于任何一个参照系和坐标系,都只有属于这个参照系和坐标系的空间和时间。对于一切惯性系,运用该参照系的空间和时间所表达的物理规律,它们的形式都是相同的,这就是相对性原理,严格地说是狭义的相对性原理。在这篇文章中,爱因斯坦没有多讨论将光速不变作为基本原理的根据,他提出光速不变是一个大胆的假设,是从电磁理论和相对性原理的要求而提出来的。这篇文章是爱因斯坦多年来思考以太与电动力学问题的结果,他从同时的相对性这一点作为突破口,建立了全新的时间和空间理论,并在新的时空理论基础上给动体的电动力学以完整的形式,以太不再是必要的,以太漂流是不存在的。

同时性的相对性是什么?我们如何计算不同地方的两个事件是同时发生的呢?一般来说,我们会通过信号来确认。为了得知异地事件的同时性我们就得知道信号的传递速度,但如何没出这一速度呢?我们必须测出两地的空间距离以及信号传递所需的时间,空间距离的测量很简单,麻烦在于测量时间,我们必须假定两地各有一只已经对好了的钟,从两个钟的读数可以知道信号传播的时间。但我们如何知道异地的钟对好了呢?答案是还需要一种信号。这个信号能否将钟对好?如果按照先前的思路,它又需要一种新信号,这样无穷后退,异地的同时性实际上无法确认。不过有一点是明确的,同时性必与一种信号相联系,否则我们说这两件事同时发生是没有意义的。

光信号可能是用来对时钟最合适的信号,但光速不是无限大,这样就产生一个新奇的结论,对于静止的观察者是同时的两件事,对于运动的观察者就不是同时的。我们设想一个高速运行的列车,它的速度接近光速。列车通过站台时,甲站在站台上,有两道闪电在甲眼前闪过,一道在火车前端,一道在后端,并在火车两端及平台的相应部位留下痕迹,通过测量,甲与列车两端的间距相等,得出的结论是:甲是同时看到两道闪电的。因此对甲来说,收到的两个光信号在同一时间间隔内传播同样的距离,并同时到达他所在位置,这两起事件必然在同一时间发生,它们是同时的。但对于在列车内部正中央的乙,情况则不同,因为乙与高速运行的列车一同运动,因此他会先截取向着他传播的前端信号,然后收到从后端传来的光信号。对乙来说,这两起事件是不同时的。也就是说,同时性不是绝对的,而取决于观察者的运动状态。这一结论否定了牛顿力学中引以为基础的绝对时间和绝对空间框架。

相对论认为,光速在所有惯性参考系中不变,它是物体运动的最大速度。由于相对论效应,运动物体的长度会变短,运动物体的时间膨胀。但由于日常生活中所遇到的问题,运动速度都是很低的,看不出相对论效应。

爱因斯坦在时空观的彻底变革的基础上建立了相对论力学,指出质量随着速度的增加而增加,当速度接近光速时,质量趋于无穷大。他并且给出了著名的质能关系式:$E=mc^2$,质能关系式对后来发展的原子能事业起到了指导作用。

广义相对论

　　1905 年,爱因斯坦发表的关于狭义相对论的第一篇文章虽然没有立即引起很大的反响,但是德国物理学的权威人士普朗克却注意到了这篇文章,认为爱因斯坦的工作可以与哥白尼相媲美,正是由于普朗克的推动,相对论很快成为人们研究和讨论的课题,爱因斯坦也受到了学术界的注意。1907 年,爱因斯坦听从友人的建议,提交了那篇著名的论文申请联邦工业大学的编外讲师职位,但得到的答复是论文无法理解。虽然在德国物理学界爱因斯坦已经很有名气,但在瑞士,他却得不到一个大学的教职,许多有名望的人开始为他鸣不平,1908 年,爱因斯坦终于得到了编外讲师的职位,并在第二年当上了副教授。1912 年,爱因斯坦当上了教授,1913 年,应普朗克之邀担任新成立的威廉皇帝物理研究所所长和柏林大学教授。

　　就任期间,爱因斯坦考虑将已经建立的相对论进行全面推广,可是有两个问题使他不安。第一个是引力问题,狭义相对论对于力学、热力学和电动力学的物理规律是正确的,但是它不能解释引力问题。牛顿的引力理论是超距的,两个物体之间的引力作用在瞬间传递,即以无穷大的速度传递,这与相对论依据的场的观点和极限的光速冲突。第二个是非惯性系问题，狭义相对论与以前的物理学规律一样，都只适用于惯性系。但事实上却很难找到真正的惯性系。从逻辑上说，一切自然规律不应该局限于惯性系，必须考虑非惯性系。狭义相对论很难解释所谓的双生了佯谬，该佯谬说的是，有一对孪生兄弟，哥在宇宙飞船上以接近光速的速度做宇宙航行，根据相对论效应，高速运动的时钟变慢，等哥哥回来，弟弟已经变得很老了，因为地球上已经经历了几十年。而按照相对性原理，飞船相对于地球高速运动，地球相对于飞船也高速运动，弟弟看哥哥变年轻了，哥哥看弟弟也应该年轻了。这个问题简直没法回答。实际上，狭义相对论只处理匀速直线运动，而哥哥要回来必须经过一个变速运动过程，这是相对论无法处理的。正在人们忙于理解相对狭义相对论时，爱因斯坦正在接受完成广义相对论。

1907 年，有关狭义相对论的长篇论文《关于相对性原理和由此得出的结论》正式发表了，爱因斯坦撰写的这篇长篇大论第一次提到了等效原理，此后，爱因斯坦关于等效原理的思想又不断发展。他以惯性质量和引力质量成正比的自然规律作为等效原理的根据，提出在无限小的体积中均匀的引力场完全可以代替加速运动的参照系。爱因斯坦并且提出了封闭箱的说法：在一封闭箱中的观察者，不管用什么方法也无法确定他究竟是静止于一个引力场中，还是处在没有引力场却在作加速运动的空间中，这是解释等效原理最常用的说法,而惯性质量与引力质量相等是等效原理一个自然的推论。

1915 年 10 月——11 月,爱因斯坦集中精力勇攀高峰,先后向普鲁士科学院提交了四篇论文,在这四篇论文中,他提出了新的看法,证明了水星近日点的进动,并给出了正确的引力场方程。至此,广义相对论的基本问题都解决了,广义相对论诞生了。1916 年,爱因斯坦完成了长篇论文《广义相对论的基础》,在这篇文章中,爱因斯坦首先将以前适用于惯性系的相对论称为狭义相对论,将只对于惯性系物理规律同样成立的原理称为狭义相对性原理,并进一步表述了广义相对性原理:物理学的定律必须对于无论哪种方式运动着的参照系都成立。

爱因斯坦用广义相对论的结果来研究宇宙的时空结构,并认为由于有物质的存在,空间和时间会发生弯曲,而引力场实际上是一个弯曲的时空。爱因斯坦用太阳引力使空间弯曲的理论,很好地解释了水星近日点进行中一直无法解释的 43 秒。广义相对论的第二大预言是引力红移,即在强引力场中光谱向红端移动,20 年代,天文学家在天文观测中证实了这一点。广义相对论的第三大预言是引力场使光线偏转,。最靠近地球的大引力场是太阳引力场,爱因斯坦预言,遥远的星光如果掠过太阳表面将会发生一点七秒的偏转。1919 年,在英国天文学家爱丁顿的鼓动下,英国派出了两支远征队分赴两地观察日全食,经过认真的研究得出最后的结论是:星光在太阳附近的确发生了一点七秒的偏转。英国皇家学会和皇家天文学会正式宣读了观测报告,确认广义相对论的结论是正确的。会上,著名物理学家、皇家学会会长汤姆孙说:"这是自从牛顿时代以来所取得的关于万有引力理论的最重大的成果","爱因斯坦的相对论是人类思想最伟大的成果之一"。爱因斯坦成了新闻人物,他在1916年写了一本通俗介绍相对论的书《狭义相对论与广义相对论浅说》,到1922年已经再版了40次,还被译成了十几种文字,广为流传。

如果说我看得远，那是因为我站在巨人们的肩上。

——牛顿

名句箴言

解析相对现象

左与右

众所周知，天安门城楼前面是一个大大的广场，假如有人问你：天安门是位于广场的哪一边——左边还是右边？你肯定无法回答好这个问题，这是为什么呢？下面我们就来研究一下。

假如你面朝东方，那么，天安门是在左边；但是，假如你面朝西方，天安门是在右边；而假如你面朝南方或者北方，则天安门既不在左边也不在右边。也就是说，在回答这个问题之前，你必须明确一个相对的方向。

说一条河流的右岸，这个说法是正确的。因为这是由河流水流的方向来决定的。同样，我们可以说，汽车沿公路右边行驶。因为车辆的来往可以表示一个相对的方向。

因此，"左"和"右"是一个相对的概念。而且只有在一个特定的方向作为根据的情况下，这一对概念才有意义。

相对的现象看来似乎是绝对的

当我们观察某一物体时，如果稍微改变观察点，角度也就随之产生相应的改变。由于这种情况，角度经常被用于天文学。星图表明星球之间的角距，即从地球上观察其他星球之间的距离时的角度。无论我们处于地球上的任何位置和任何不同的观察点，我们观察到其他星球之间总是处于同样的距离，这是由于我们与这些星球之间有着极大的，甚至是难以想象的距离。同如此巨大的距离相比，我们地球上从一点到另一点移动的距离就显得微不足道了，因而我们就很容易忽视它。在这种情况下，这些不同的角距就会被认为是绝对的。如果我们将观察点所处的范围扩大到像地球绕太阳旋转的轨道这样大的空间,那么从不同的观察点所观察到的结果,其变化就相当可观了。但是,这一变化还不是非常显著的。如果我们把观察点移到另一个星球上,比如说,移到天郎星上,情景就会彻底改变。这时所观察的角度都将和原来的观察角度截然不同了。而且我们还会发现,那些远离我们的星球之间的距离,有些比我们从地球上观测它们之间的距离近了,而有些星球之间的距离则更远了。

绝对的现象实际上却是相对的

大家通常说"上"和"下","大"和"小"等等。那么,这些概念是绝对的还是相对的呢?不同的时代,人们对这一问题会给以不同的回答。当人类还处在不知道我们的地球是圆的,而把他设想为一个扁平的锅饼似的东西的时代,垂直方向被认为是一个绝对的概念。那时人们设想,在地球表面的任何一点上,垂直方向总是相同的,因而也就把"上"和"下"说成是绝对的是很自然的事了。直到人们发现地球是圆的,于是"垂直是绝对的"这一概念也就自行淘汰了。由于地球是圆的,垂直线的方向实质上是由这条垂直线通过的地球表面某一点的位置而定。处于地球的不同点,垂直方向也将不同。自然,"上"和"下","大"和"小"这些概念因此而失去任何绝对意义。

上面介绍的情况对我们来说已是十分明显的,根本就毋庸怀疑。尽管如此,我们由历史得知,人类并不是很容易就认识到诸如"上"和"下""大"和"小"的相对性。如果人们对日常生活中经历的相对现象没有明确的认识,就很容易将某些纯粹主观的感觉,认为是普遍真理或一般规律。

现在就让时光倒流,我们再重温一下历史吧。反对地球是圆的这一事实的某些谬论,是从中世纪流传下来的。那时有人提出这样的质疑:如果说地球是圆的,人们怎么能倒着身体走路呢?这种说法显然是成错误的,因为他忽略了垂直方向的相对性,而垂直方向的相对性是基于地球是圆的这一客观真理。

如果我们认识不到垂直方向的相对性,而把它看作是绝对的,那么,在北京的人就会认为在纽约的人都是倒身体走路的;同样,在纽约的人也会认为在北京的人也是倒着身体走路的。这样说是毫不矛盾的,因为垂直方向实际上并不是绝对的概念, 而是相对的概念。只有我们涉及地球表面上相距相当远的两点时,如北京和纽约两地,我们才会感到垂直方向的相对性的真正意义。另一方面,如果我们把相隔很近的两点加以考虑的话,我们就有理由说,所有同这两幢房子分别垂直的线是相互平行的。在这种情况下,垂直就是绝对的了。上述情况表明,在我们地球上,只有当涉及整个地球表面积这么大的区域时,使用绝对垂直这一概念,才会导致荒谬和矛盾。

　　上述情况的分析结果无怪乎告诉我们这样一个道理,在日常生活中使用的很多概念都是相对的。这些理论也表明,只有我们规定出具体的观察条件,这些概念才有意义。

天才是百分之一的灵感加百分之九十九的血汗。

——爱迪生

名句箴言

相对的空间

位置的相对性

人们在日常生活交谈中总是喜欢运用绝对的概念，但实际上这种概念是毫无意义的。同样的道理，宇宙空间的位置，这一概念是相对的，当我谈论一个物体在宇宙空间的位置时，我们的言下之意总是该物体与另外一些物体的相对位置。如果没有其他物体,这种说法是没有什么意义的。

例如当我们说:由两颗星球在天空中重合,这个说法同样包含着相对意义。只有具体说明这个现象是从地球上观察到的,这种说法才有意义。

物体的运动

接下来我们要讨论的问题是:物体在空间的移动是不是也是相对的。其实这一概念同样也是相对的。如果我们说,某一物体移动了,我们是特指它与其他物体的相对位置改变了。如果我们从不同的两个位置来观察同一物体的运动,我们会发现这一物体有着不同的运动方式。

下面我们来做一个实验:一个人从正在飞行的飞机上抛下来一块石头,对这个人来说,石头是沿着直线落向地面的,但对站在地球上的观察者来说,则是一条抛物线。那么,这块石头究竟是怎么运动的呢? 这样的一个问题其实没有多少实际意义。

一个物体沿着抛物线运动的级和形状同样也是相对的。这个道理和古诗中描写从不同角度观看庐山一样:"横看成岭侧成峰,远近高低各不同。"

什么是静止状态

外力能够影响物体的运动。对于这种外力进行深入的观察和研究，我们就会对这一现象有一个全新的认识。

假设在我们面前，有一个不受任何外力作用的物体。由于我们的观察点不同，这一物体就会以完全不同的方式运动。十分明显，当物体处于静止状态，对于观察者来说，自然是最适宜的。这样我们就可以不考虑一个物体相对于其他物体的运动情况，给静止状态下一个定义：一个不受任何外力作用的物体处于静止状态。

参照系与惯性系

运动和静止都是相对来说的。怎样说明一个物体的运动情况呢？要充分说明这一运动情况必须选定另一物体作参照，这种用作参照来说明其他物体运动情况和位置的物体，通常叫作参照物体，也叫参照系。

虽然我们已经知道运动和静止都是相对而言的。但是，经典物理学却认为宇宙中存在着"绝对静止状态"。为了得到这样的状态，设想使一个物体尽可能远离那些可能作用于它的其他物体，作为参照系来观察和研究运动的特性。我们把这样的一个参照系叫作"惯性系"。如果在另一参照系里观察到的物体运动与我们在惯性系里观察到的物体运动方式不同,那么,我们就有理由说,那个参照系本身是运动的。

火车在运动吗

假如当一个参照系由于外力的作用而运动,在这个参照系里物体的运动规律会发生改变吗?

为了准确形象回答这个问题,现在让我们坐上一列做匀速直线运动的火车。如果你向空中抛一个球,你的球仍在远处不动,这个球仍然会落到你的手上,并不会因为火车的运动而斜落到别处。这种情况与在静止火车上观察到的情况是相同的。当火车的速度有增减时,情况就不一样了。如果做匀速直线运动的物体改变方向,我们也会马上感觉到。火车突然向右转弯,车上的人会向左倾,如果突然向左转弯呢?车上的人就会向右倾。

总之,我们可以作下面的结论:一个做匀速直线运动的参照系,同一个惯性系相比较,我们很难发现在他们中的物体运动情形有什么不同。但是,一旦运动着的参照系的运动有所改变,这种变化立即就会对其中的物体产生作用。

静止状态永远消失了

前面我们讲过一个做匀速直线运动的参照系对其中的物体并不会产生任何影响。这一意想不到的事实，迫使我们必须修正我们对静止状态这一概念的解释。这就是静止状态与匀速直线运动状态并无不同。因此可以认为：相对于一个惯性系而做匀速直线运动的物体是处于静止状态的。这就告诉我们，绝对静止状态是不存在的。但另一方面，却存在着无数各种不同的"静止状态"。这就是无数相互相对做匀速直线运动的、处于"静止状态"的参照系，只是其运动速度不同罢了。

所以，处于静止状态的物体是相对的，而不是绝对的。既然静止状态是相对的，那么每当我们观察某一物体时，必须指出，该物体是相对于哪一物体处于匀速直线运动。因而我们不能把运动作为一个绝对的概念。对于运动和静止的关系的观察和探讨，使我们明白了自然界的一条重要规律：在两个处于相对匀速直线运动的参照系里，物体的运动规律是相同的。这一规律通常叫作相对性原理。

惯性定律

什么叫做惯性定律？物理学家认为一个不受外力作

用的物体,可以处于静止状态,或者处于匀速直线运动状态。所以我们就把这种运动的相对性原理现象叫惯性定律。

但是在我们的日常生活中,这一定律往往被掩藏在某些现象背后,只是我们不能直接而明显的认识它。根据惯性定律,一个处于匀速直线运动状态的物体,甚至在没有外力作用的情况下,它应永远保持其运动状态。但是我们的观察表明,如果一个物体不受外力的作用,它处于静止的状态。届时这个谜的关键在于这样一个事实:通常我们看到的物体,都受着某种外力的作用,这就是摩擦力。摩擦力破坏了观察惯性定律所需要的条件,这个条件就是必须没有任何作用与物体的外力。运动相对性原理的发现是人类最伟大的发现之一。没有这一原理的发现,物理学根本不可能发展到今天的情况。

速度也是相对的

根据运动的相对性原理,如果并不指出某一物体是相对于某一参照系,而只是说,该物体以一定速度做匀速直线运动,那么这就是一个没有意义的概念。

于是我们发现,速度也是一个相对的概念。如果从不同的参照系来观察同一物体的运动速度,就会得出不同的结果。然而速度的每一种变化,无论是由加速、减速或者方向改变而引起的变化,从意义上却都是绝对的,而并不因我们观察时所处的不同参照系而有所不同。

天才所要求的最先和最后的东西都是对真理的热爱。

——歌德

名句箴言

光的悲剧

光的传播并不是瞬时的

我们已经讨论了运动的相对性以及可能有无数个惯性系的存在,在这些惯性系里,物体运动的规律都是相同的。但是,还有另外一种运动,乍看起来同我们建立的原理是矛盾的。这就是光的传播。

光的传播速度是每秒 30 万公里,这一巨大的速度对于我们来说是难以想象的。这是因为我们通常熟悉的速度要比光速小得多,他们之间的差异非常悬殊。例如,在我们知道的与之有关的物体运动中,地球绕太阳旋转的速度是很大的,但尽管如此,地球旋转的速度也只不过是每秒 30 公里而已。

光速可以改变吗

光传播的巨大速度,其本身也不是什么奇特的现象,但令人惊奇的是光速的永恒不变性。

我们能够人为的加大或者减低一个物体的运动速度,甚至可以增减枪弹的射速。我们只需要在子弹前方,放置一个沙箱,子弹传破沙箱后,其速度就会减低。

光传播的情况就不同了。让我们在一束光线通过的途中,放置一个玻璃盘子。因为光通过玻璃的速度,要比在真空中传播的速度小。按常理说,这样一来,这束光传播的速度就会降低,但是,光线通过玻璃以后,它又恢复每秒 30 万公里的速度。

子弹的速度主要由于枪内的构造和弹药的特性来决定。而对于光来说,不管是什么光源,光的速度总是相同的、不变的。由此我们知道,光在真空中的传播有其非常重要的特性,即光速不可能加大或者减小。

名句箴言

人民是土壤，它含有一切事物发展所需的生命汁液，而个人则是这土壤上的花朵与果实。

——别林斯基

光阴的故事

确实存在矛盾吗

从表面上看，似乎我们在讨论一个纯粹逻辑上的矛盾。光沿任何方向传播而速度不变，充分证实了相对论的正确性，而同时，光速本身则是相对的。

让我们来了解一下中世纪人们是如

何看待地球是圆的这一事实。当时中世纪的人们是这样认为的,如果地球是圆的,一切物体都会从地球表面"滚落"下去。对于他们来说,地球是圆的这一概念是同地心引力相矛盾的。但是我们完全知道,这里根本不存任何矛盾。道理很简单,因为"上"和"下"这两个概念是相对的,而不是绝对的。

光的传播同样如此。

要在运动的相对性和绝对性之间寻找逻辑上的矛盾是徒然的,也是毫无意义的。当我们提出另外一些假定,矛盾就出现了。这就像中世纪的人们认为"上"和"下"是绝对的概念,而拒绝承认地球是圆的一样。他们这种荒诞的概念源于实践经验的缺乏。那时,人们很少有长途旅行的可能。他们只能了解地球表面很小区域的一些情况。显然,同样的情况也可出现在我们面前:由于我们的实践经验不足,只是我们把一些相对的现象,误认为是绝对的。

这些现象是什么呢?

为了发现我们的错误,今后我们只能接受有实验证实而确定的那些正确的假想。

在一列火车上

现在我们设想有一列长 540 万公里的火车,以每秒 24 万公里的速度做匀速直线运动。

　　假定预谋体规定时刻,打开火车中部的一盏灯。再设想,当灯光达到火车首尾的两个车厢时,车厢的门都立即自动打开。这时火车上的人将看到什么现象呢?

　　在回答这个问题时,我们只承认有实验而得到的数据。

　　在火车中间的人将看到下列现象:

　　根据麦克尔逊的实验,由于相对火车而言,光向任何方向传播的速度是相同的,即每秒 30 万公里。那么光在 9 秒后同时到达首尾两个车厢。首尾车厢的门也同时打开。

　　相对月台而言,光也以每秒 30 万公里的速度传播。但是,尾节车厢是迎着灯光运行的。所以灯光是在 2700000/(300000＋240000)＝5 秒后于尾车厢相遇。而对首节车厢来说,灯光是在追着它传播的。所以灯光需在 45 秒之后才能到达首节车厢。

　　对于月台的人来说,首尾两节车厢的门似乎是在不同的时刻打开的,即尾节车厢的门先打开,而首节车厢的门则是在 40 秒之后才打开。

　　于是,对于在火车上的人来说,首尾两节车厢的门的打开是完全相同的,而对月台上的人来说,首尾两门的打开却相隔 40 秒。

　　人们对这一现象的感觉和理解过程中产生了困难。以常识为依据来否定这一新的现象,当然是很自然的事。而麦克尔逊的实验获得的出乎意料的成果,为物理学家们提供了新的事实，并促使他们不顾"常识"的干扰，去进一步观测和探讨诸如两个事物的同时性这类明显而平凡的概念。

假定我们现在再次坐上爱因斯坦火车，在无限长的轨道上奔驰。在这条轨道上有两个车站，它们之间的距离是864000000公里。这列火车以每秒240000公里的速度前进，需要1小时跑完这段路。两个车站各有一只钟表。一位旅客在第一个车站上车时，按车站的钟对了自己的表。当到达第二个车站时，他却吃惊地发现，它的手表慢了。

这是怎么回事呢？

为了弄清这个问题，让我们假定，这位旅客在车上点起一只火把，放置在车厢地板上。火把发出的光束很快到达车厢顶壁。在车厢顶壁与火把垂直处，有一面镜子，镜子又将光束发射回到火把上。这时旅客看到光束往返的路线是垂直的。但是，月台上的人看到的情景却很不相同。月台上的观察者看到，在光束从火把到达镜子的过程中，由于火车的运动，光线的传播路线是向后倾斜的。在这一过程中，光束经过的路线是一个等腰三角形的两腰长的和。

通过这一事实使我们发现，月台上的人看到光束在这一过程中传播的距离是一个等腰三角形的两腰之和。而火车上的人看到光束传播的距离则仅仅等于这个三角形高的二倍。显然，前者的长度大于后者。另一方面，我们知道，光速是一种绝对速度。对于火车上的人和月台上的人来说,光速当然都是相同的。于是我们就得出结论:从月台来看,光从射出到返回所经过的时间要比从火车上看经过的时间长。

从上面的事实我们很容易计算出这样的结果:从车站上经过了 10 秒钟,而火车上看仅仅经过了 6 秒钟。这就是说,根据车站的钟表,如果火车运行一小时到达另一车站,那么按照乘车人的手表,火车仅仅运行了 36 分钟。换句话说,乘车人的手表要比车站上的钟表每小时慢 24 分钟。

显而易见,这列火车的速度越快,时间滞差就越大。如果将火车的速度提高到接近光速,那么车站上一小时的时间,在火车上的速度就能减小到极小。

由此我们得出结论:一切运行中的钟表比静止的钟表要慢。这是否与我们提出问题所依据的相对论相矛盾呢?这是否意味着最快的钟表就是处于绝对静止状态的呢?

不是。情况并不如此。因为火车上的钟表和车站上的钟表的快慢,是在完全不同的条件下进行比较的。实际上,这里有三个钟表,而不是两个。这位旅客是根据两个不同车站上的两个不同的钟表来校对他的手表的。相反,如果在这列火车的前后车厢都有一只钟表,当火车飞驰之际,旅客将车站钟表同前后车厢的两只钟表对照时,他就会发现车站钟表所表示的时间,总是落在后面。假定这列火车相对于车站做匀速直线运动,那么,就可以认为火车是静止的,而车站是运动的。自然界的规律对于他们来说都是相同的。

当一个观察者相对于它的手表处于静止状态时,他就会发现下列事实:相对于他处于运动状态的钟表,总是比他自己的表快;而且这些运动中的钟表运动的速度越快,它们所表示的时间就越快。

这一现象和下面的实例是一个道理:两个站在两根不同电线杆旁边的观察者,都从各自所处的位置来断定他们各自观察电线杆的角度要比对方的观察角度大。

现在让我们假定,这辆爱因斯坦火车沿着一条圆形轨道,而不是直线轨道运行。火车经过一段时间的运行,就会回到它出发的地方。就像我们在前面讨论过的那样,这时乘车的人就会发现他的手表慢了。而且火车运行得越快,它的手表慢的就越多,如果不断增大火车的速度,直至火车运行速度增大到某一数值时,就可能出现这种情况:乘车人仅仅经过了一天的旅程回到他出发的车站,对于车站上的人实际上确实数年已经过去了。

在这一圆形轨道上旅行的过程中,只有两只钟表——火车上的钟表和出发车站上的钟表。

上面讨论的问题是否与相对论相矛盾呢?我们可否认为旅行者是处于静止状态,而出发时的车站则是以爱因斯坦火车的速度沿圆形轨道运行呢?如果是这样的话,我们就会得出这样的结论:车站上的人仅仅经过了一天的时间,而火车上的旅行者则度过了数年。这一结论是错误的。下面我们谈谈为什么是错误的。

我们已经讨论过,只有当一个物体不受任何外力的作用时,才能认为这一物体是处于静止状态。正如我们已经知道地,两个静止的物体,可以是相互处于匀速直线运动中。这也就是说,两个相互处于匀速直线运动的物体是静止的物体。但是在圆形轨道飞驰的爱因斯坦火车上的钟表,却承受着离心力的作用,所以我们不能认为这只钟表是处于静止状态的。车站钟表和火车上的钟表所表示的视差是绝对的。

假如两个人在分别时,他们的表所指的时间是一致的,然后两人又相会了。处于静止不动或以匀速直线运动的人所携带的表就会快,因为这只表没有经受任何外力的作用。

设想我们乘上一列以接近光速飞驰的火车。在这列火车上,可以使我们进入将来,但不可能回到过去。为什么不能回到过去,也就是说,为什么不可能看到过去的事件重演呢?

狭义相对论告诉我们,物体运动的速度,只能接近光速,而不能超过光速。实际上人们还未发现过比光速更快的运动。例如,我们可以得到高速运动的电子,它们的速度可以接近光速,但从未发现超光速的电子。进入将来只不过从表面看是矛盾的,实际上这是相对论阐述的客观规律。

牛顿理论	爱因斯坦理论
绝对空间和绝对时间	
（3＋1）维空间	
平直的	四维时空
三维空间中的直线	弯曲的
引力势 V	弯曲空间中的短程线
运动方程	度规张量 $g_{\mu\nu}$
时空中行星轨道（椭圆）	短程线方程
引力定律	四维空间中的短程线
$$\nabla^2 V = -4\pi\rho$$	场方程
或	
$$V = -\frac{KM}{r}$$	$$R_{\mu\nu} - \frac{1}{2}g_{\mu\nu}R = -kT_{\mu\nu}$$

同甘苦共命运

　　以前大家都以为从任何角度来看，两个同时发生的现象必然是同时的。然而实验证明这是错误的。因为这个结论只是用于相对静止的参照系。

　　如果有人问我们，两个现象是否真正同时发生，而不涉及任何出于某种状态的参照系。那我只能遗憾地说，这样的问题就像并不涉及任何观察点而问两颗行星是否真正处于一条直线上一样毫无意义。事实是这样的：同时性不仅决定于两个现象,而且决定于观察这两个现象时所出的参照系。就像两颗星球是否处于同一直线上,不仅决定于它们的方位,而且决定于观察它们的点。

在相对论创立之前,绝对的时空观在物理学中占着统治地位。在时间方面,绝对的时空观认为:时间的量度与参照系的运动无关,也就是存在着与参照系无关的绝对时间。在空间方面,认为空间的量度同参照系的运动无关,也就是存在着同参照系无关的绝对空间。

但是,我们发现,时间和空间一样也是相对的,而不是绝对的。所以,"在同一时间"这一概念,正与"在同一地点"一样,都是没有意义的概念。这就是说,必须对一个特定的参照系来论述时间说着空间。如上所述,对于在火车上的人来说,同时发生的两个事件,对于月台上的人来说,就不是同时的,除非我们讲的时间是相对于某一个参照系,否则,关于一个事件发生的时间的说法,就是没有意义的。

业精于勤荒于嬉，行成于思毁于随。

——韩愈

名句箴言

长度的收缩

前面我们已经讨论了时间它不是一个绝对概念而是相对的，而且必须根据观察时间的参照系来确定某一具体时间。

现在我们来讨论空间。在讨论麦克尔逊实验室之前，我们就已经发现空间是相对的，然而，我们仍然认为体积是物体的属性。物体的这一属性是不以观察它的参照系而转移的。但是,相对论又使我们放弃这一信念。就像由于我们接触的速度总比光速小得多,因而产生了认为时间是绝对的这一偏见一样。

我们设想,那列爱因斯坦火车现在要通过一个 2400000 公里长的车站月台。火车从月台一端到达另一端,按车站钟表需要 10 秒。但是按火车上乘客的手表,火车通过月台则只需 6 秒。所以乘客完全有理由得出这样的结论:月台不是 2400000 公里长,而是 240000×6=1440000 公里长。

这里我们看到,从相对于月台处于静止的参照系来看,月台较长;而从相对于月台处于运动状态的参照系来看,则月台较短。由此可知,一切运动中的物体,沿运动方向而收缩。

但是这种收缩根本没有证明运动是绝对的:一旦我们从相对于一个物体处于静止的参照系来观察该物体时,这一物体就有其真实的体积。同样,火车上的乘客会发现月台收缩了,而在月台上的人则会认为这列爱因斯坦火车变短了。这种现象也并不是一种光幻觉。用任何测长仪器来测量,都会得到同样的结果。

同这一发现有关,现在必须纠正我们前面做出的关于爱因斯坦火车上前后两门打开时间的结论。在"早"与"迟"这一节里,当我们以月台上观察者的角度,来测算前后两门打开的时间时,我们假定运动中火车的长度与静止火车的长度是相同的。但实际上对于月台上的人来说，火车要短些。同样，根据车站钟表，打开前后门所经过的时间间隔，实际上等于 24 秒。而不是 10 秒。当然，这一纠正，对我们前面已经作过的那个结论，并没有实质性影响。

从长度的收缩，我们再顺便谈一下标尺的收缩。

我们要问，飞船飞行的时候，飞船上的标尺和地球上的标尺是一样长吗？

我们已在前面讨论过，空间的量度与观察这一量度的参照系有关。所以，在飞船上的尺和地球上的尺是不会一样的。通过火车相对于月台的长度问题的讨论，我们得知：沿运动方向固定在高速运动飞船上的尺，如果由地球上的人来观测，就比飞船上的人观测的长度短。至于长度收缩多少，是与飞船飞行的速度，也就是两个参照系之间的相对速度有关。

相反，固定在地球上的尺的长度，若由飞船上观察者来观测的话，则沿运动方向的长度不是伸长，也是缩短。

由此，我们得出结论：当一个物体对于某参照系是静止的时候，就这个参照系来看，物体长度最大。沿垂直于运动方向时，长度则不发生变化。

这种长度收缩的现象是真实的吗？这是不容怀疑的。不但运动的物体沿运动的方向产生收缩，而且收缩遵循着一定规律。这些都已从实际现象中得到证实。我们平时看不到这种收缩现象,是由于在低速缓慢的运动中,这种现象是不显著的。例如,即使物体运动速度达到每秒 3 万公里,长度的收缩也不过是千分之五。

但是当物体运动速度接近光速时,情况就不同了,这时候长度的收缩非常显著。静止的时候,一米长的尺,沿相对运动方向的长度就会收缩成几厘米。如果物体速度等于光速,那么长度就会缩减成零。然而,这是不可能的。这一点也说明了光速是速度的最高限。一般物体的速度,无论如何也不会达到光速的。

名句箴言

做一件事，无论大小，倘无恒心，是很不好的。而看一切太难，固然能使人无成，但若看得太容易，也能使事情无结果。

——鲁迅

多变的速度

这里我们再通过速度来举一个例子阐述一下相对论。如果在以每小时50公里的速度运行的火车上，一位乘客以每小时5公里的速度朝着车头方向行走。那么相对路轨而言，这位乘客的速度是多少？显然，他前进的速度是每小时55公里。这一回答是根据速度相加定理得出来的。而且我们认为，这一回

答毫无疑问是正确的。确实是这样的：火车一小时运行 50
公里，火车上的人又在这一小时内行走了 5 公里。于是人一
共走了 55 公里。但是，因为有一个最高速度的存在，所以使
速度相加定理不能普遍适用。比如说，爱因斯坦火车上的乘
客以每秒 100000 公里的速度行进，那么相对路轨而言，它的
速度就是每秒 310000 公里，但是由于这一速度超过了光速，
所以这样的速度是根本不可能的。

于是我们通常运用的速度相加定理，不是在任何情况下
都是精确无误的。它仅仅适用于比光速小得多得低速度。

在关于相对性原理的讨论中，经常要提出与各种同传统
观念相反的论点。速度相加定理，就是我们根据这种表面看
来是合理的论点推导出的。根据这一定理，我们将火车在一
小时内运行的距离，同乘车人在车上演火车运行方向一小时
内运行的距离相加。但是相对论告诉我们，这两个距离是不
能相加的。

另外，要求的相对于车站乘车人的前进速度，必须按车
站钟表计算出乘车人一小时前进的距离。而要求的乘客在
车上的速度，必须使用固定在这列火车上的钟表。我们已经
知道，这两处的钟表所表示的时间是大不相同的。

由此我们得出这样的结论：接近光速的高速度的相加方
式，同我们所习惯的速度的相加方式是很不相同的，我们可
以通过实验来观察这一速度相加现象。例如，可以通过观察

光在传播的速度，同光在静止中传播的速度与水流速度的和并不相同，而是小于后两者的和。这一发现也要归功于相对论。

假如两个速度相加，其中一个速度恰好是每秒 30 万公里，那么速度相加就会有一种非常特殊的情况出现。我们知道，光速具有永恒不变的特性，因而不必考虑观察这一速度的参照系的运动情况。假如我们将任何一个速度，同每秒 30 万公里的光速相加，仍会得到每秒 30 万公里的速度。

根据速度相加并不能普遍适用这一现象，我们可以作一简单的比较，来进一步说明这一现象。

我们知道，任何一个三角形三个内角的和等于两个直角 180 度。现在设想，在地球表面画一个三角形，这个三角形三个内角的和就会大于两个直角。这是由于地球是圆的，因而这个三角形不是在一个平面上。仅当三角形的面积近于地球表面这样大的面积时，上面提到的两个三角形的不同才能被发现。

只有当我们讨论普通速度时，才能运用速度相加的一般原理。这就像测量地球表面的小块面积时，才能运用平面几何学的原理是同样的道理。

伟大的成绩和辛勤的劳动成正比例，有一分劳动就有一分收获，日积月累，从少到多，奇迹就可以创造出来。

——鲁迅

名句箴言

质与量

在一般情况下，物体的质量不因静止或运动而有所变化。一个人在地上站着，质量是 60 公斤，当他乘上运动的火车，质量还是 60 公斤。这在低速世界当然是事实的。可是当这个人乘上高速运动的飞船的时候，它的质量却不是 60 公斤了，而是比 60 公斤要多。飞船的速度和光速越接近，人的质量变化就越显著。如果飞船速度达到光速，人的质量将变成无限大。当然这是不可能达到的。这也说明，一般物体的速度不可能达到光速。

现在我们进一步来讨论这一问题。

设想某一惯性物体以某一确定的速度运动，这就必须将一定的力作用于该物体。如果没有外力，比如摩擦力，来阻滞物体的运动，我们将能按需要来加速物体运动的速度。我们发现，用一定大小的力加速不同物体的运动，使其达到所需要的运动速度，就必须用不同的时间。

为了排除摩擦力，我们设想，在宇宙空间由两个同样大的球体，一个用铅做成，另一个用木做成。现在用同样的力作用于这两个球体，直到将它们的运动速度增加达到每小时10公里。

显然，将一定的力作用于铅球的时间，比作用于木球的时间要长些。铅球的质量比木球的质量大。在恒力作用下，速度的加大是与时间成正比的。所以质量与加快一个惯性物体运动速度所需时间有关。这就是说，质量同时兼有一定的比例，其比例系数由所加的力而定。

质量是一切物体的重要的属性。我们习惯于永恒不变的物体质量，即物体的质量不因物体运动速度的不同而不同。这同我们下面的结论是一致的：在一种恒力的持续作用下，速度的增加与力作用于物体的时间长短成正比。

这一结论是基于速度相加定理之上的。但是我们在前面已经正式，速度相加定理不能在一切情况下都适用。

比如说，我们用两秒的时间，对一个物体施加一定的力之后，将获得多大的速度呢？我们通常使用普通的速度相加规则测球物体的末速度，即把第一秒末的速度与物体在第二秒获得的速度相加，以求得第二秒末的速度。

我们可以这样继续不断的加下去，一直到使物体运动的速度接近光速。在这种情况下，速度相加这一陈旧的定理就不再适用了。根据相对论的观点，速度相加定理在这种情况下就无能为力了。如果继续运用这一陈旧定理，我们得到的速度就要比预想的速度小。这就是说，在高速运动中，速度的加大不再同对物体加力的时间长短成正比。换句话说，虽然以同样的时间将一定的力作用于物体，但是物体运动速度的加大率，要比在低速运动中小。出现这种情况是很自然的，因为宇宙间存在一个最高速度。如果将恒力作用于一个物体，当这个物体的运动速度在逐渐接近光速的过程中，它的运动速度加大的比例就会越来越小。因为物体运动的速度永远也不能超过速度的最高极限，即光速。

只要物体运动速度与物体外加力的时间是成正比例的增加，我们就可以认为，质量与物体运动速度是无关的。但是，一旦物体运动速度接近光速，时间与速度的增加就失去了比例，于是质量就变得与速度息息相关了。由于时间可以无限加长,而速度却不能超越最高极限。由此我们发现,质量随速度的增加而增加,而且当物体运动速度达到光速时,质量就成为无限大。

计算结果表明:运动物体的质量随其长度的缩减而增加。这样,一列爱因斯坦火车在以每秒 24 万公里的速度运行时,其质量要比它在静止时大 10/6 倍。

很显然,与光速相比,我们日常接触的一般速度就显得微不足道了。所以在低速世界里,我们可以不考虑质量在运动中的变化,也不必考虑物体运动速度与其体积之间的关系。同样,也不必考虑两个事件发生之间的时间间隔同事件观察者的运动速度之间的关系。

质量与速度之间的关系,是根据相对论的理论推导而出。要观察和检验这两个之间的关系,我们可以进行对电子的快速运动情况的观察实验。

利用现代实验设备,是电子以接近光速的速度运动已是相当普通的事。在加速其中,能将电子运动速度加大到仅仅比光速低每秒 30 公里。

实验结果表明,现代物理学完全能够将处于高速运动中电子的质量同静止电子的质量加以比较。实验也充分表明,质量与物体运动速度息息相关。这也是相对论阐明的客观规律。

物体质量的增值与作用与物体的力有密切的关系,而且有一定的比例关系。一切作用于物体的力,以及任何物体能量的增值,都会使物体质量增加。这就是当物体被加热时,其质量就比未加热时大的原因。这也就是当弹簧被压缩时,其质量就增加的原因。但是质量变化同能量变化之间的比例系数是微乎其微的。例如,要使一个物体的质量增加一克,就必须对该物体施加 2500 万千瓦小时的能量。

这就是在一般物体情况下,物体质量的变化是非常微小的原因,即使是运用最精密的仪器,也无法测量出来。如果将一吨水从零度加热到沸点,其质量大约会增大一百万分之五克。

在现代物理学中,我们也观察到质量的变化起着非常显著作用的现象。

例如,当原子核相互碰撞后产生新的原子核的现象。又如,当一个锂原子与一个氢原子相互碰撞,产生两个氦原子。再这一过程中,氦原子的重量比原物质的质量减少四百分之一。

前面已经提到,将一个物体的质量增加一克,必须对该物体施加 2500 万千瓦小时的能量。因此,将一克锂和氢转变成氦需要的能量就比上面这个数字小 400 倍,即 62500 千瓦小时。

爱因斯坦发明的举世闻名的狭义相对论和广义相对论自建立以来,已经有 100 多年的历史了,它经受住了时间和历史的考验,是人们普遍承认的真理。相对论对于现代物理学的发展和现代人类思想的发展都有巨大的影响。相对论从逻辑思想上统一了经典物理学,使经典物理学成为一个完美的科学体系。狭义相对论在狭义相对性原理的基础上统一了牛顿力学和麦克斯韦电动力学两个体系,指出它们都服从狭义相对性原理,都是对洛伦兹变换协变的,牛顿力学只不过是物体在低速运动下很好的近似规律。广义相对论又在广义协变的基础上,通过等效原理,建立了局域惯性长与普遍参照系数之间的关系,得到了所有物理规律的广义协变形式,并建立了广义协变的引力理论,而牛顿引力理论只是它的一级近似。这就从根本上解决了以前物理学只限于惯性系数的问题,从逻辑上得到了合理的安排。相对论严格地考察了时间、空间、物质和运动这些物理学的基本概念,给出了科学而系统的时空观和物质观,从而使物理学在逻辑上成为完美的科学体系。

狭义相对论给出了物体在高速运动下的运动规律,并提示了质量与能量相当，给出了质能关系式。这两项成果对低速运动的宏观物体并不明显，但在研究微观粒子时却显示了极端的重要性。因为微观粒子的运动速度一般都比较快，有的接近甚至达到光速，所以粒子的物理学离不开相对论。质能关系式不仅为量子理论的建立和发展创造了必要的条件，而且为原子核物理学的发展和应用提供了根据。

广义相对论建立了完善的引力理论，而引力理论主要涉及的是天体。到现在，相对论宇宙学进一步发展，而引力波物理、致密天体物理和黑洞物理这些属于相对论天体物理学的分支学科都有一定的进展，吸引了许多科学家进行研究。